武将たちの意外な素顔

# 戦国武将の大誤解

丸茂潤吉

彩図社

# はじめに

生き馬の目を抜く乱世を生きた戦国武将。

戦国時代といえば、智謀と武力で成り上がることのできた下克上の世界。江戸の昔から日本人は、怒濤の勢いで近隣諸国を制圧していく戦国武将の姿に夢を託してきた。

3000丁の鉄砲三段撃ちで武田騎馬軍団を破った合理主義者・織田信長。「泣くまで待とうほととぎす」の精神で天下統一の機を逃さなかった徳川家康。民衆に、妻に、ひいては天下に愛された愛嬌の人、豊臣秀吉。

日本人の一般的なイメージはこのようなものだろう。英雄然とした彼らの姿に胸を焦がし、「自分もこうありたい！」と憧れた人もいたはずだ。

だが、それらのイメージが〝大誤解〟に満ちていたとすれば、どうだろう。

合理主義の塊であるはずの信長が、自身を生き神として祀り、庶民に賽銭まで要求していたことはあまり知られていない。「賽銭を入れなければ不幸になる」とお触れまで出しているのだ。

神といえば、日光東照宮に大権現として祀られている徳川家康の祖先は素性も知れぬ旅芸人である。少年時代に家臣にはした金で売り飛ばされ、青年時代には武田信玄に蹴散らされ大便を漏らしながら敗走している。秀吉に至っては女に狂い、美少女狩りをする有り様だ。

とても英雄には見えない彼らの立ち振る舞いからは、格好の良い英雄譚にはない、意外な一面が浮かび上がってくる。後年、付け加えられていった脚色をはぎ取れば、そこにいるのは、悩み苦しみ、時に情けなく狼狽する〝人間〟としての武将の姿である。

本書は信憑性の高い史料や逸話にあたり、武将の実像に迫ろうと執筆したものである。小説やドラマの中で描かれるいかにも英雄然とした武将もよいが、歴史の陰に埋もれた逸話からは実に人間臭く愛嬌のある武将たちの真の姿が浮かび上がってくる。

取り上げた武将は12名。誰もが一度は名前を聞いたことがある人物ばかりだ。

実は失った右目に未練たらたらだった伊達政宗、少年を愛し熱烈なラブレターを送っていた武田信玄、大名としての仕事に嫌気が差して家出をした上杉謙信、すぐにキレて暴走する真田幸村……。

イメージを覆す数々の逸話に唖然とすることは間違いない。だが、本書を読了後、人間味溢れる武将たちの姿に、以前よりも深い愛着を抱いていることだろう。

それでは、さっそく戦国武将たちの〝誤解のない〟姿を、たっぷりとご覧あれ。

# 戦国武将の大誤解　目次

## 伊達政宗 69
【独眼龍は元ひきこもり】

# 真田幸村 91

【キレるとこわいお坊ちゃま】

【〝最強の軍神〟の意外な最期】

## 上杉謙信 111



【オトコには甘い甲斐の虎】

## 武田信玄 127

## 毛利元就【次々に折れる三本の矢】 147

## 前田慶次 191

【天下御免の傾奇者の正体】

## 黒田如水 203

【トンデモ軍師の波乱の生涯】

## 6本指の天下人

# 豊臣秀吉

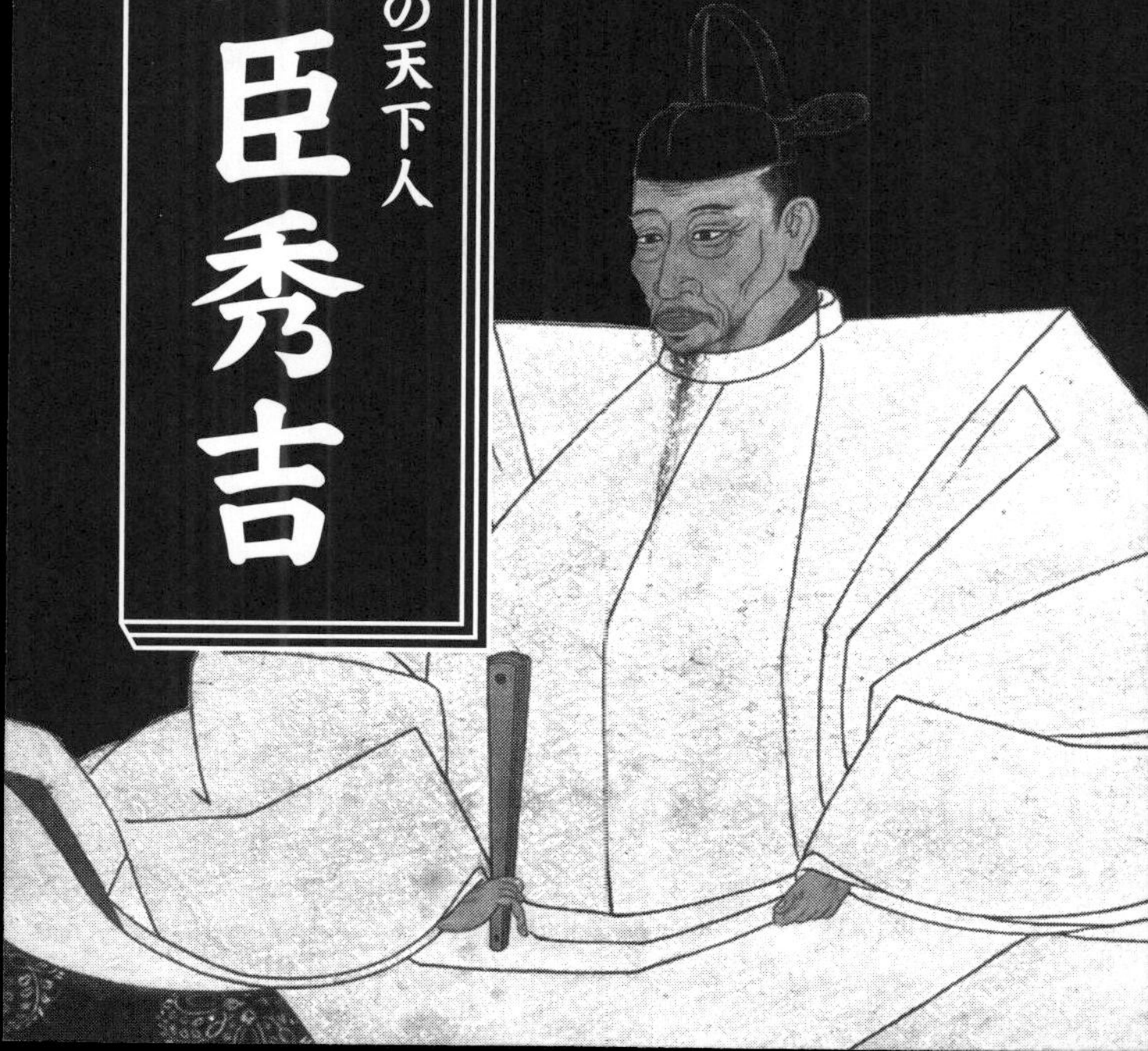

「鳴かぬなら　鳴かせてみよう　ほととぎす」

この一句が、秀吉の性質を端的に表している。落ちない城、振り向かない女や人材、そして天下。農民から天下人まで這いあがった秀吉は、欲しいものはあらん限りの知恵を絞って手に入れる。

「鳴かずば斬る」信長のような過激さや、「鳴くまで待つ」家康の狡猾さと一線を画すその生き方は、長らく庶民的な人気を獲得してきた。

そんな秀吉であるから、残した逸話は、ユーモアや叡智に満ちている。

だがよくよく調べてみれば「明るい知恵者」のイメージとは違う、狂気や謎に満ちた人物像が如実に浮かび上がってくる。

## ●秀吉はアンタッチャブル

一般に「貧しい百姓出身」として知られる秀吉だが、実態は謎めいている。彼の伝記『太閤記』などによれば、１５３６年に尾張の中村で生まれた百姓の息子で、若い頃は山で薪を売って生活していたという。『武功夜話』では裕福な村長の息子であり、与介という名で泥鰌を捕まえ売っていたとする説がある。百姓の息子という点で多くの説は共通している。

珍説では、秀吉が朝鮮を攻めた時の敵国の宰相だった柳成龍《りゅうせいりゅう》が紹介した「あいつは中国人」説、裏社会の情報を仕切った放浪民「サンカ」出身説、秀吉自身が言った公家出身説がある。

中国人説は、柳成龍が「もともと秀吉は中国の人間で、薪を売って暮らしていた」と述べていることから。サンカ説は、秀吉が農民だったにもかかわらず、城の建造に詳しく兵法にも優れていたため生まれた。最後の説は、秀吉自身が関白に就任した際「公家である萩中納言の血が流れている」と主張したが、そもそも萩中納言という人物がいない。

なぜ、こうも出自がはっきりしないのか。ひとつには身分の劣等感によって、秀吉が出身について確かなことを話さなかったと推測される。

秀吉が最初に仕えたのは今川義元の家臣・松下之綱《まつしたゆきつな》だった。そこでは、農民の出身であるためイジメが酷く、傷心した秀吉は一度村に戻っている。戦国の世は身分など関係ない下克上といわれるが、実はそうでもない。

成り上がれば成り上がるほど、気がかりになったのだろう。秀吉の場合は足利義昭の養子になろうとしたり、平氏を名乗るなど策を講じている。これは、現代でも芸能界や政界に残る「二世や貴種を尊ぶ」傾向と似ている。

加えて、当時の農村には、特別なことがないかぎり、記録を書き残す習慣がなかった。これが、秀吉の出自がはっきりしない一番の要因だろう。ちなみに「特別なこと」とは、一揆や天災などを指す。

天下人である秀吉の出自がはっきりしないというのは、実に興味深いではないか。

## ●右手の指が6本あった

京都の高台寺にある、有名な秀吉の肖像画。その、長い笏《しゃく》を持っている右手に注目したい。親指を隠すように持った不自然な持ち方は、2本の親指を秀吉が隠したためと指摘されている。もちろん、これは多指症と呼ばれるもので、人種にかかわらず稀に見られるものらしい。秀吉の大老となった忠臣・前田利家の『国祖遺言』では、こう記されている。

あるとき、深夜の聚楽第で、利家を囲んだ密会が開かれた。そこで、秀吉の指のことが話題になった。

「秀吉様は右の手の指が、一本多く、6本もあった。若いときに6番目の指を切り捨てた方が良かったのだが、しなかったという。だから、後まで指が6本残ったのだ」

ちなみに、信長も、「六つめが……」とあだ名で呼んでいる。『国祖遺言』はこのエピソード

豊臣秀吉の肖像画。確かに親指を隠しているようにも見える

を「確かなこと」として、締めくくっている。なぜ、このような症状が秀吉にあったかは分かっていないが、医学的に日本人の多指症は、手なら親指に見られるケースが多く、ほとんどは幼いうちに切ってしまうのだという。

外国人を例に挙げれば、作家のサリンジャーや、毛沢東の4番目の夫人・江青《こうせい》、メジャーリーグで活躍したアントニオ・アルフォンセカなどがこの多指症だった。

秀吉のルックスは決して恵まれたものではなかった。史書では、

「彼は身長が低く、醜悪な見た目だ」

「おまけに眼がとび出ていた」（ルイス・フロイス『日本史』）

と記されており、朝鮮から来た二人の使者は次の

ような印象を抱いている。

「ネズミのような目をしているから怖くなかった」（金誠一《きんせいいいち》）

「まるで大猿だ。目ヂカラがあって、光と威厳を感じさせる。立派な人だ」（黄允吉《こういんきつ》）

威圧感を覚えたかどうかで意見が分かれているが、ネズミや猿といった、少々下種なものに例えているという点で、共通している。

自分の容姿のことは、秀吉自身が一番よく知っていたのかもしれない。彼は、

「皆が見るとおり、ワシは醜い顔をしている。五体も貧弱なのだ」

と言ったことがあるという。

秀吉は信長の意志をつぎ、天下統一の偉業を果たした。その性格は、明るく潔かったともいわれる。コンプレックスなど一見、感じさせない印象だ。そんな彼だが、太閤となったとき、肖像画を狩野光信に頼んだ。そこで3つの注文をつけたという。

「見栄え良く、威厳のある顔つきで」

「顔を小さくし、首から下を際立って大きくし」

「顔立ちがよく見えて、立ち上がれば六尺（180センチ）はあるであろう、豊かな偉丈夫で描くように」

当時の男性の平均身長が150センチ台であることを考えれば、身長180センチともなれば神話を感じさせる背丈だ。やがて、出来あがったものが、先の肖像画である。光信への注文の数々が、生涯拭い去ることができなかった、秀吉の身体的コンプレックスを表しているように思える。

## ●逸話は嘘だらけ

華やかに脚色されたのは肖像画だけではない。有名な「墨俣の一夜城」などの逸話の信憑性も、現在では疑問が呈されている。1566年、信長による美濃侵攻にあたって、秀吉が機転を利かせて要衝・墨俣に一夜にして城を建造したという、ドラマや漫画でも見せ場となるエピソードだが、詳細に記載されている一次資料は『前野家古文書』のみで、それも偽書であるとの疑いが濃厚だ。

また、秀吉が信長に仕えて間もない頃、信長が草履を履いたときに、冷えた草履では足が冷たいからと、草履を着物の懐に入れて暖めていたというエピソードも、江戸期に成立した架空の逸話である。

「三杯の茶」も有名なエピソードだ。まだ秀吉が信長の部下で、近江長浜城に封じられていた

優れた行政手腕で秀吉を支えた石田三成

時のこと。鷹狩りに出掛けた秀吉は、喉が渇いたので近くの寺に寄った。

そこで茶を所望すると、寺の小僧が大きな茶碗にぬるめに7、8分程度の茶を煎れた。一気に飲み干した秀吉は、更にもう1杯所望。すると今度は、少し熱めの茶を茶碗に半分ほど煎れて出した。秀吉が3杯目を所望すると、小僧は小さな茶碗に熱い茶を煎れ、差し出した。

効率よく喉の渇きを癒そうとする小僧の機知に感じ入った秀吉は、彼を連れ帰り小姓として召抱えた。この小姓が、後に豊臣政権下きっての能吏《のうり》として辣腕を振るう石田三成であった……という話。

三成の機知と、人材の獲得に対する秀吉の貪欲さが窺える逸話として有名だが、実はこれも後世の創作。三成の息子が書き残した史料によれば、三成が秀吉に仕えたのは18歳の頃で、おまけに場所は姫路であった。

「お上」として徳川幕府が君臨した江戸期、庶民の政府への不満は、徳川家に滅ぼされた豊臣家のヒーロー化という形で表れる。明るく、頓知めいた機知で乱世を生きる秀吉像は、庶民の想像力の産物と言えるだろう。

## ●美少女狩りとセックス指南書

秀吉は40歳を過ぎると猛烈な女漁りを始める。京都や堺で美しい娘や未亡人がいると聞けば、部下に連れてこさせた。気に入れば愛人にし、気に入らなくとも2日は手元に置いたという。秀吉には梅毒の疑いがあったが、町から連れられた娘は知るよしもない。また、大名の娘をあらかじめ養女にし、12歳になれば自分の情婦にした。こうして召し上げられた女性は300人にも及んだという。

「その淫らな行為は、宮殿を遊郭にしてしまったほどだ」

とフロイスはいう。こうして多くの側室を抱えた秀吉だが、それでも満足はできない。

多くの諸大名を虜にした性の指南書『黄素妙論《こうそみょうろん》』に、秀吉も傾倒していく。著者は日本医学の祖ともいわれる曲直瀬道三。これは、今でいう〝セックス・マニュアル〟だ。一例を挙げると、

「男は女人の反応に慌てて荒々しく出し入れをしてはいけません。男子たるもの精の液を常に保つのが大切で、みだり頻繁に放出すべきではありません。女人に情欲を覚えさせ、自ら欲するところまで導きます。玉門（女性器）に強く出し入れをしますと、すぐ漏れます。目的を達するためには戦術を大事にしなければなりません」

「おのれの欲望だけを勝手に処理する性交は、女人が満足しません。反応も上滑りに終わり、体にも悪い。これを例えれば、戦いで敵に少しの損害も与えずに、虚しく犬死にするのと同じです」

今でも通じるこのセオリーを、秀吉が無視したとは思えない。太閤が犬死になど許されないことだ。とはいえ、『黄素妙論』は養生や健康が主眼になっているものの、俗にいう3Pの作法も記載されているほどで、夜の華が咲き乱れたことに違いはなさそうだ。農村出身の秀吉に男色という習慣はなく、美しい少年を見つければ、

「おぬしに姉妹はいるのか」

と話しかけたという。女好きの秀吉は、３００人の女性を抱え、おかげで側室・淀殿と正室

諸大名から信頼を得ていた正室・高台院（左）と秀吉の子をなした側室・淀殿（右）

である高台院との関係がギクシャクするなど、女性には悩まされた。また、キリスト教を認めていた秀吉が、1587年に突如、禁止令を出したのは、政治的な理由だけではなく、美少女狩りの挫折も挙げられている。

というのも、秀吉がいつものように美少女を召し上げようと有馬領内の娘たちに狙いをつけると、キリストに貞節を誓っている彼女たちは逃げてしまったのだ。

淀殿には他の大名とのキス禁止を呼びかけるなど、嫉妬深かった秀吉。有馬領の娘たちが彼に与えたショックは、実は大きかったのかもしれず、そうであれば、一国の法律を、秀吉の女好きが動かしたということになる。

## ●得意戦法は「兵糧攻め」

秀吉は緻密な男だった。

特に殺しにおいては手ぬかりがない。信長の仇を討つため岡山から京都へ急速な引き返しを図った「中国大返し」では部下への細かい気くばりや、緻密な連係プレイを成功させた。

秀吉の代表的な戦術は徹底した兵糧攻めだ。なかでも「三木の干殺し」はすさまじい。

1580年、信長に逆らった別所長治を討つため、秀吉は三木城を包囲する。敵軍の兵糧は残りわずか。籠城している8000の兵は、飢えに耐えながら必死の防戦。

至急、毛利氏が別所に救援を寄越そうとするが、秀吉が砦を次々に落としたことで望みは絶たれてしまう。

やがて、兵糧が底をついた。閉じ込められた人々は、雑草やぬかを口にし、次に牛や馬、鶏や犬を殺して食べた。三木城は、1年半もの長きに亘り兵糧攻めを受け、既に城内は数千人が餓死しており、最後まで生き残った人々は溢れる死臭のなかで、傷んだ肉を刀で刺して食べたという。

秀吉は完全な戦意喪失にこだわる。包囲を厳重にした三木城の周囲では、たくさんのかがり火が焚かれていた。「深夜でも白昼のようであった」と『播磨別所記』に記されるとおり、秀吉は彼らの睡眠すら許さなかった。一方、姫路城に帰った秀吉は茶会を開き、つかの間の休息をとっている。

これと並ぶ、秀吉の代表的な兵糧攻めが「鳥取の飢え殺し」である。三木城攻めの翌年、毛利家の吉川経家が反旗をひるがえし、3000人の兵とともに鳥取城に立て籠もる。秀吉は鳥取周辺の兵糧を時価の2倍で買い占め、城の周り12キロを柵で囲み、完全封鎖する。川に杭を打つなど、輸送路の封鎖も万全だ。

「干殺し」の末に降伏し切腹する長治

経家は絶望的な状況に陥った。あっという間に兵糧がなくなり、人々は木の実や皮を食べはじめた。4ヵ月が過ぎた。

「餓鬼のごとく痩せ衰えた男女が、城の柵へもたれかかり、悶えている。『助けてください』と叫んでいる。阿鼻叫喚の悲しみ、なんと哀れなことか。目もあてられず」

と、『信長公記』にある。鉄砲隊に撃たれた者がいれば「争って捕まえて食い尽くした」というから悲痛極まりない。

こうした兵糧攻めは、秀吉がつねづね自慢していた戦術だった。姫路城に戻った秀吉は、やはり茶会を開き、優雅なひとときを楽しんでいる。

ＭＯＡ美術館に納められている、秀吉の黄金の茶室（復元）

### ●秀吉と茶人

茶人としても知られる秀吉だが、戦国の大名は多く茶道を好み、血生臭い修羅場を離れ、気持ちをあらためて一服した。礼を尊ぶ静謐な茶室は、心が洗われる空間であった。

秀吉は、黄金で塗られた改造茶室をつくり、持ち運べるようにした。茶室に部下を招き、謀略を練る密室として利用するなど、政治としての茶の美味も味わっている。

秀吉は派手な茶会を開くことを好んだ。何度か開いた仮装茶会（とくに名古屋城のものが有名）では、参加する武将達に、わざと身分の低い者の格好をしてくるように通達した。自身も瓜売りの姿で参加したと伝えられる。武将たちも喜んで通達に応じ、徳川家康は同じく瓜売り、伊達政宗は山伏に扮し参加したという。

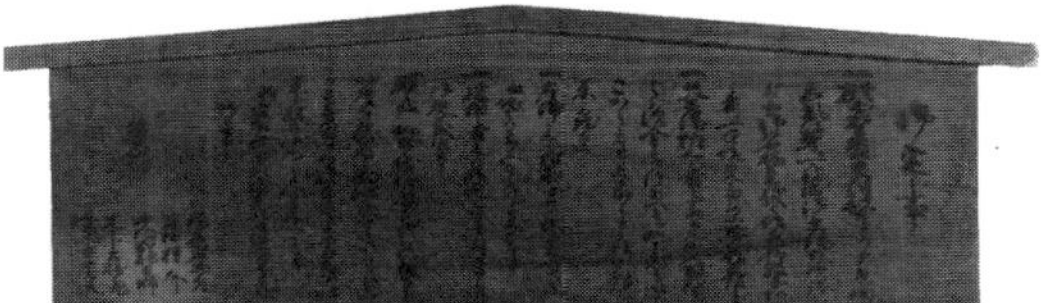

京都の市中に立てられたという、大茶会を知らせる札。後世の創作とも

1587年に開かれた北野の大茶会は、10日間に亘って開催される大規模な茶会だった。

「茶好きは集まれ。ワシが茶をたててやる」

秀吉の大号令のもと、花盛りの場所で、草木を愛でる者共が一斉に集った。武士とは限らず庶民の参加も許されていた。その数は803人といわれ、太閤の茶を待つ。次から次へと茶をしばいていく秀吉。千利休・津田宗及・今井宗久という、時代を代表する三茶人と共に4人で茶を点てても、一人当たり最低200人はさばき続けなければならない。熱湯を注ぐ、抹茶を入れる、掻き回す、礼を尽くす。掻き回す。

ところがこの大茶会、この日限りで中断となってしまい、再開されることもなかった。理由は「肥後で一揆が発生し、秀吉が機嫌を損ねたから」というのが有力な説だが「秀吉の自己顕示欲が一日で満たされたから」「疲れたから」など、秀吉らしい気まぐれな仮説もある。

秀吉は、その大茶会に協力した、当代きっての名茶人・千利休を殺

秀吉に粛清されてしまった茶人・千利休

した。堺の豪商のメンバーであり、政治に対する発言力が強かった利休。あるとき、彼が大徳寺の山門に自分の木像を設置したことが、秀吉の怒りを買ってしまった。

「ワシも歩く山門に、木像が見下ろすように立つ。利休はワシより偉いのか」

すぐに切腹命令が出された。

利休の弟子による嘆願が集められたが、覆ることはない。やがて、利休は自害し、斬られた首は惨めに晒された。さらに木像が取り外され、今度はそれが一条戻橋で磔にされたのだった。人ではなく木像を磔にしたのは、有史以来初といわれ、秀吉の恨みの深さが伝わってくる。

実は、この事件については、謎も多い。木像の件は「いいがかり」に過ぎず、茶人・利休の発言力が大きくなったため、これを排除しようとした石田三成ら反利休派の陰謀だったとする説や、利休が茶器の目利きを不当に行い、高値で売るなど詐欺商法をしていた疑いがあったこと、秀吉の毒殺容疑など諸説ある。

ほかには、例によって秀吉が利休の愛娘を手込めにしようとして断られた〝美少女狩りの失敗〟説などもある。その際、利休は、

「娘をやれば、私の地位がそのために築かれたものだと思われる」

と言って秀吉の要求を退けたといわれる。利休の死の真相は今に至ってもはっきりしていない。

**●太陽帝国の挑戦**

晩年、秀吉は海外を侵攻した。諸大名に朝鮮出兵を命じ、15万の兵力で大陸を攻めた。1592年の文禄の役、97年の慶長の役がそれだ。当時は「唐入り」と呼ばれ、秀吉が目指したのは帝国建設である。

「天皇を大陸に移し、縁者を唐の関白にしたい」

緒戦こそ勢いに乗った。だが敵の水軍に制海権をとられると、徐々に苦戦を強いられていく。戦場では武功を示して褒美をとるために、刀で相手の耳や鼻を根こそぎ削いだ。削いだ耳鼻は、腐らないよう樽のなかに集められ塩漬けにした。

「鼻をかき斬り、具足の鼻紙入れにしまった」（『朝鮮物語』）

「1300人を斬首して、ことごとく耳を斬った」（『清正公行状』）

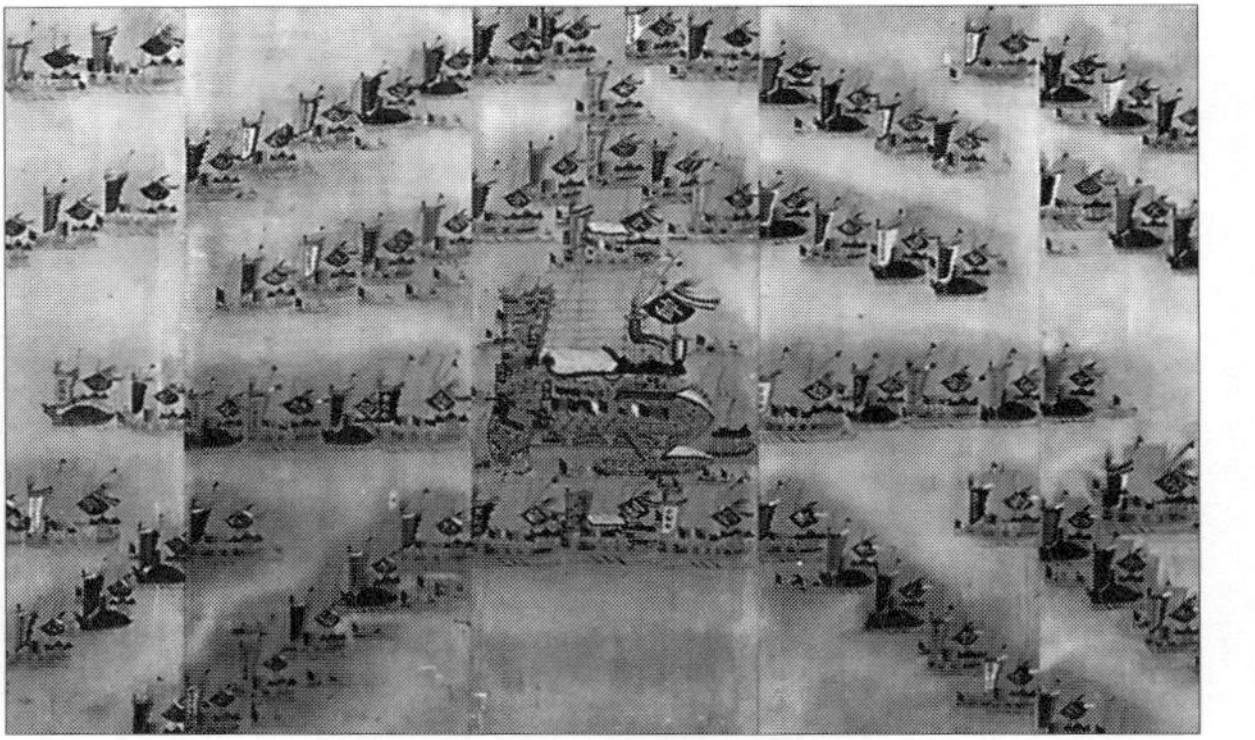

秀吉を苦しめた李舜臣率いる朝鮮水軍

など、船で秀吉のもとへ届けられた耳鼻の数は5～10万個以上、そのなかには女性や、生まれたばかりの幼児の耳まであったという。

この頃には秀吉は耄碌《もうろく》しており、家康が戦況を隠し、朝鮮との交渉は小西行長ら部下たちの独断で進んでいく。

秀吉の威光は、この頃には衰えていたのだ。

終戦後、この戦争は島津義弘らが朝鮮から優れた陶工たちを連れ帰ったため、陶器愛好家たちから、「やきもの戦争」と呼ばれ、一方世間には、加藤清正が戦地で虎に挑む「虎狩り伝説」の記憶しかない、との評判が残された。

秀吉には、優秀な弟がいた。名を秀長という。秀吉の異父弟であり、兄に従って数々の合戦に従軍し、武功をあげてきた。1587年には大納言に叙せられ、不協和音の絶えない豊臣政権にあって柱石の役割を果たしていた。しかし彼は兄より先に病に倒れる。

彼は死の前年に病床で、

「近頃の兄者の振る舞いには意見したいことがある」

と、兄の言動を大変気遣っていたという。この秀長が、秀吉が頼ることのできる、ただ一人の親族であった。すでに豊臣家滅亡の足音は聞こえ始めていたのだ。

豊臣政権の良心だった秀長

1598年、秀吉は伏見城で62歳の生涯を終えた。

秀吉の葬儀は行われなかった。遺体は、三成ら奉行数名で京都東山の阿弥陀ヶ峯にひっそりと移された。それは、音も出さずに、声も漏らさず隠れて行われた。体よくいえば密葬だ。

豊臣家一丸となって大規模な葬儀が打てない。この事情を、石田三成の末裔の一人・石田多加幸は『写真でみる豊臣秀吉の生涯』のなかでこう解き明かす。

「長年にわたる朝鮮出兵の失敗で、武将と文官との間に亀裂が起こり、確執が尾を引いて伏見城下が一触即発の状態に陥っていた」

また、

「こうしたとき大老の徳川家康が勢力伸長をはかって御法度の大名間縁組を結んだため、生前秀吉が期待した『五大老・五奉行合議制』の政治が崩れ始め、豊臣家が不安定な状況に追い込まれていた」

身内で意見が一致せずに騒乱必至、大立者が裏切ってくる。これが一世一代で成り上がり、派手好きで知られた男の最期の身内事情だった。

〝健康オタク〟の意外なルーツ

# 徳川家康

「鳴かぬなら　鳴くまで待とう　ほととぎす」

家康といえばこの一句である。もちろん彼が詠んだわけではないが、この無名の庶民が詠んだ狂歌が、今では家康の生涯を象徴したものとして定着している。

幼少期に過酷な人質生活を送り、青年期には時に今川家の矛となり、時に織田家の盾となることを強いられた。さらに秀吉の天下となれば五大老の一角を成し、表向きは豊臣政権を支えた。そして関ヶ原の戦い、大坂の陣を経て天下人へ。

「織田がつき　羽柴がこねし天下餅　座りしままに食うは徳川」

こんな歌もある。自他共に認める「忍耐の人」徳川家康。その正体に迫ってみよう。

## ●祖先はスケベな旅坊主

1543年、三河で生まれた家康には、実は旅芸人の血が流れている。祖先は徳阿弥《とくあみ》といい、諸国を旅する時宗の僧だった。徳阿弥など時宗の「○阿弥」系の僧は諸芸に通じ、歌・踊りなど人々を芸で喜ばせるのが仕事だ。今でいえばお坊さんの格好をしたエンターテイナーだ。日本の伝統芸能となった『能』を完成させた世阿弥の筋は非常に有名で、室町幕府にも優遇されたが、徳阿弥はまったく売れなかった。

能は室町幕府公認のオフィシャルな芸能（式楽）であった

芸人である徳阿弥の生活は厳しかった。当時の芸人の身分は最下層に位置し、ほとんど乞食と変わりなかった。いうなれば裏社会の住人である。

祖先の影響からか、家康は当時、食べることが野蛮とされた四足の獣を食すことに抵抗がなかったとされる。

家康が「毎年正月にウサギを食べた」、「病気をウサギの肉を食べて治した」という〝ウサギ喰い伝説〟は、徳阿弥が正月にウサギの肉を食べて以来、ラッキーが続いたという逸話からきている。徳阿弥は後年、作家の司馬遼太郎に、

「その辺によくいた無銭旅行者で、ドスケベだったらしい」

とまで言われた。徳阿弥が放浪の果てに1420年、三河の松平郷にたどりついたときのこと。彼は

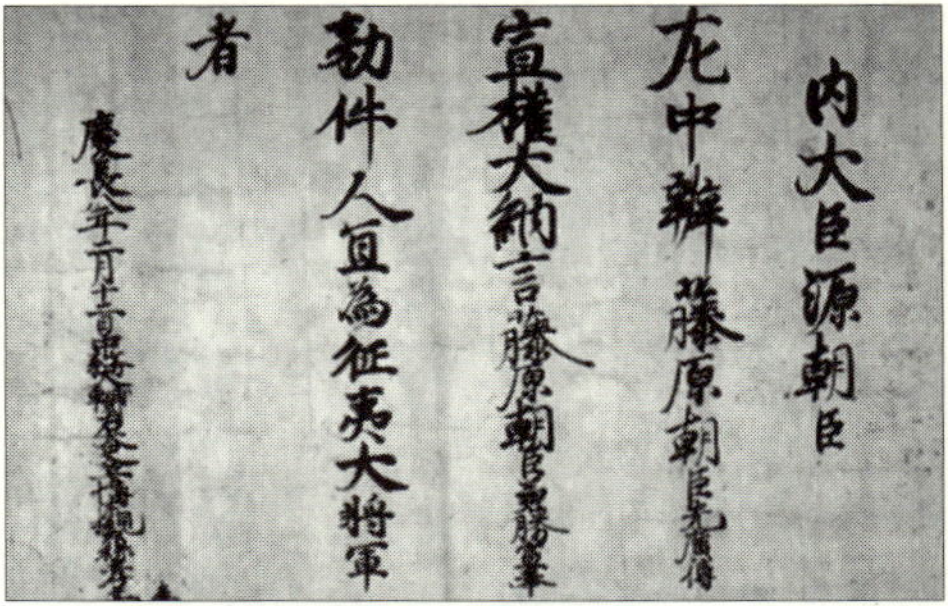
内大臣源朝臣
左中弁藤原朝臣光廣傳
宣権大納言藤原朝臣兼勝奉
勅件人宜為征夷大将軍
者

朝廷より出された将軍宣下の勅。「源朝臣」という言葉がある

当地の有力者・松平太郎左衛門の家に落ち着いていた。はじめは世間話などしていたが、どうも様子がおかしい。

実は、松平家の後家とできてしまい、孕ませてしまっていたのだ。徳阿弥の勢いは止まらない。今度は、隣村の後家を好きになって泊まり込み、彼女まで手際よく孕ませてしまった。

最初の後家との子は、家康につながる血筋となり、二番目の子は、家康に大変信頼される譜代大名・酒井氏となった。

しかし、徳阿弥の素性は家康を悩ませた。架空の人物を捏造する秀吉ほどではないが、同じように「ワシは源氏の子孫」、「実は、新田義貞の子孫だった」と主張した。

家康はお抱えの学者に家系図の操作を頼んでいた。信長も平家を名乗ったことがあり、天下取りを目指すものには当たり前の工夫ではある。

しかし、それを庶民は見透かしていたのか、『戦国大名と賤民』の著者・本田豊によると、刈谷市など地方に残る民話では、庶民は家康のことを、

「素性の知れない正体不明の方が天下を治めている」と思っていたというのだ。裏社会の住人らしく、徳阿弥の生没年は不明である。天下人・家康のルーツとしては、あまりにも怪しい。隠したくなるのも道理かもしれない。

## ●15万円で売り飛ばされる

家康は、祖先の徳阿弥が松平姓を名乗ってから、9代目の当主にあたる。〝松平家〟といえば聞こえはいいが、矢作川下流に数十人の武闘派を送り出し、住民から作物を奪い取っては服従させ、家来にするといった山賊まがいのことも行っていたようだ。

そのマフィアのような家風からか、家の騒動も多く、家康の祖父と父は若くして家来に殺されている。

幼少時の家康は惨めだった。

彼が生まれた頃の松平家は、戦国大名を名乗れるような規模ではなく、隣国の今川家・織田家に翻弄された。

信長の父・信秀率いる織田家の攻勢を受けた家康の父・広忠《ひろただ》は家康を人質に出す代わりに今川家に援軍を要請する。これが家康の人質生活の発端だ。ところが、護送中に織田家に拉致されてしまい、一転して織田家に身柄を置かれることとなる。

この時に信長の知遇を得るわけだが、信長の庶兄・信広が今川家の捕虜となると、人質交換として再び今川家に送られた。『三河物語』によれば、松平家はこのとき、今川義元に三河からの収入をすべて横取りされ、戦闘では最前線におかれるなど過酷な扱いを受けていた。歴史学者の桑田忠親は、この頃の松平家を「体のい

家康と家臣団をこき使った今川義元

い弾よけ」といっている。
『三河物語』で知られる松平家の苦労と、それに伴う家臣団の忠義・団結は、小説等でも哀切を込めて描かれることが多く、後の飛躍と併せて日本人には馴染み深い。だが、そもそも織田家に拉致されたというのは言い訳で「実は家臣に売られたのだ」とする説が根強い。
『駿府記』では家康本人による話として、
「ワシが子どもの頃、部下に又右衛門某という者がいて、ワシを銭500貫で売り飛ばしおっ

た。えらい苦労した」

とある。ちなみに、『駿府政事録』によれば、金額が5貫にまで値下げされており、今の金額でいえば、たったの15万円だ。安い。祖先・徳阿弥の素性、二代続いた主君殺しの事件に加え、家康を売り飛ばしたことから見るに、この頃の松平家の人々はお世辞にも〝忠義の家臣団〟とは言えないマフィアめいた性質を持っていたのかもしれない。ともあれ、この頃に家康の代名詞とも言える「忍耐」が形作られたことは確実だろう。

## ●食い逃げして捕まる

人質生活に耐えた家康は姓を徳川と改め、桶狭間の戦いで義元を失った今川家を見放し織田家と同盟を結ぶ。だが、この清洲同盟（織徳《しょくとく》同盟）と呼ばれる契りは、信長が天下人として成り上がるほど、家康にとって対等ではなく、従属関係に近いものとなってしまう。

1572年、「信長包囲網」期待の星・武田信玄が家康の領地を侵すと、三方ヶ原で激しい戦いがはじまった。彼我の戦力には2倍近い開きがあった。

家康は数で劣る者が採る戦法では下策と言われる「鶴翼の陣」で武田軍に圧力をかけるが、信玄に見破られ総攻撃を受けてしまう。家康が頼んだ信長からの援軍は、非常に少なく士気

三方ヶ原で家康を救った猛将・本多忠勝

も低かった。佐久間信盛など戦わずして逃げ出す武将もいた。結局、信玄の猛攻を止められなかった家康は、討ち死に寸前まで追いつめられ、大敗を喫する。家康は家中きっての豪の者・本多忠勝らに後を任せると、馬を駆って一目散に逃げ帰った。

このとき、家康は恐怖のあまり馬上で糞を漏らしてしまったという。浜松城に無事逃げ帰ったものの、馬の背中が大変臭う。徳川十六神将の一人・大久保忠世《ただよ》はこれに気づき、

「なんと殿、せつなぐそを垂れて逃げ参られたか！」

と肩を震わせた。「せつなぐそ」とは、驚いた刹那、大物を漏らすことをいう。大惨敗に殿が失禁。悔しさのあまり家康はそのまま部屋にこもると、茶漬けを3杯続けざまに食べ、高イビキをかいて寝てしまった。

この時の家康に関しては逸話がもうひとつある。退却時、戦場に残った本多忠勝が死闘を繰

りひろげている最中、家康はいち早く浜松城に逃げなければならないはずが、空腹に耐えられず茶店に入って一服し、小豆餅まで食べている。これは庶民の言い伝えによるもので、遠くに追っ手が見えると家康は驚き、代金も払わずに逃げてしまったという。しかも、すぐに茶店の婆さんに捕まえられている。この話は、浜松市中区にある小豆餅の伝説となった。

これは伝説だとしても、三方ヶ原の戦いは、家康にとって生涯随一の大失態だったことは疑いようがない。彼はこの屈辱を忘れないために、『徳川家康三方ヶ原戦役画像』という不気味な自画像を描かせ、側において戒めとした。

戦後に描かせた絵画。後悔のほどが分かる

## ●つくり馬鹿

家康には、ほかにもマヌケなエピソードが数多くある。関ヶ原の戦いの前哨戦「会津攻め」で、出陣したとき采配を忘れ、そのことを家臣に注意されると、付近の竹林から棒をもってこさせ、

「上杉のごとき、これで十分！」

と叫んだこともある。

はたまた馬術自慢の武将が、馬を駆って曲芸さながら橋を渡っていくなか、家康だけは馬を降り家来の背中におぶさって渡ったことなど、嘲笑された話もある。

だが、こうした逸話から家康をマヌケと断じるのは早計かもしれない。秀吉が、家康の近臣と話していた時のことである。

馬上の家康。馬丁がいるのが確認できる

「最近、家康は太りはじめて自分で帯をすることができなくなりました。女房や小姓らが二人がかりで帯をしめる。一人で便所にも行けない。大小便も自分でできない。このようなありさまではまったく『ぼんやりの鈍物』とでもいいたくなる」

秀吉はこう応じた。

「そもそも利口な者とはどのような者をいうのか。お前たちが〝バカ者〟と噂する家康は、立派な武将であり、関東八ヵ国の大名であり、金銀もワシより不足しない蓄えがある。家康の『つくり馬鹿』は、お前たちが真似をしてみても、一生できぬことよ」

事実、家康は伏見城に莫大な金銀を蓄えていた。どれだけ蓄えていたかといえば、床が抜けるほどである。

これはたとえではなく、キリスト教の布教のために来日していたイエズス会の宣教師たちが、ローマ本部に提出していた布教報告書『耶蘇会日本年報《やそかいにほんねんぽう》』によれば、「家康は日本でもっとも富裕な君主であり、巨額な金銀を集めている。数ヵ月前には伏見城の梁が、その重みで折れ、一室が陥没した」

もっとも〝つくり馬鹿〟という言葉を、秀吉がどこまで本気で使っていたかは分からない。数々の間の抜けた逸話のどこまでが〝天然〟のものであるかは分からないのだ。

## ●裏切り者をいたぶり殺す

かつて、家康には大賀弥四郎という部下がいた。弥四郎は頭の回転の速い男で、いつしか年貢の集計や、財政の管理まで担当するほど家康の信頼を得ていた。だが、弥四郎には野心があった。徳川家の乗っ取りである。その実現のために、武田勝頼に内通して、徳川の秘密事項を漏らし、武田家進軍を有利に図ろうとしていたのだ。この計画は、弥四郎の部下が途中で裏切ったことで一気に計画が破綻する。

驚いたのは家康だ。彼は、はじめ弥四郎の裏切りを家臣に報告されても、なかなか信じなかったという。それほど信頼した部下に裏切られたのだから、怒り心頭に発したのだろう。まして、かつて家臣に身柄を売り飛ばされた家康にとって、弥四郎の行状は並大抵の極刑ではまったく満足がいかなかった。まず、妻子が引き捕らえられ磔にされ殺された。

弥四郎の処刑当日。彼は岡崎の処刑場まで護送された。体を縛られ、馬に逆さまに乗せられた弥四郎。まわりでは鐘や金物が鳴らされ、遠目からは、さながら縁日の祭ばやしにも見える。処刑場に到着すると、弥四郎は髪をつかまれ馬から叩き落された。罪状が読み上げられた。処刑がはじまる。

最初に、弥四郎の首に板がはめられた。歩けなくなるよう片方ずつ足の筋肉を念入りに切断していく。次に足と手の指を一本ずつゆっくりと切り取っていく。弥四郎は命乞いをはじめたが、聞こえるのは罵倒のみだった。岡崎の辻には深い穴が掘ってある。その穴のまわりには、切れ味が極端に悪い竹のノコギリが数本置いてあり、側には、

〝この者罪人につき、首をノコギリで挽いても構わない〟

というお触書があった。その穴に血だらけの弥四郎が埋められる。首から上は出させたまま

で、処刑人たちは帰っていく。代わりに村人の誰かが一日中、弥四郎の首を少しずつ、しかし、えぐれるほどに切り刻む。村人の誰もが罵倒しながら切り刻んだ。弥四郎が内通していた武田勝頼は、百姓にきつい年貢を課すことで知られていたからだ。

夜には、苦痛に耐えられず弥四郎が気絶すると、また激痛で目が覚める。拷問と処刑がひとつになったこの極刑により、弥四郎は絶命するまで7日間を要したといわれる。この極刑は、信長も命を狙った相手に実行し、秀吉も行っているが、この二人より穏やかな人柄であったと世間に言われた家康も、やることはちゃんとやっていた。

## ●謎の未確認生物を追い払う

1600年、天下分け目の関ヶ原の戦いで、辛くも勝利を収めた家康は、9年後に駿府城である不思議な体験をしている。牧墨僊《まきぼくせん》の『一宵話』によれば、

「家康公が駿府城にいたある朝、城の庭に突如『肉人』とでも呼ぶべき者が現れた。姿は子どものように小さく、指のない手で空を指している。奇怪な事態に城中のものは驚き、騒動となった。『変化である』と狼狽するものもいた」

このとき家康は、「人目につかぬ場所に追い出せ」と指示し、肉人を山へ捨てさせたという。

妖怪・ぬっぺふほふ。肉人と同一とされる

作家・中江克己によれば、徳川家の公式記録『徳川実紀』に、「駿府城内の庭に、手足に指無き者が佇んでいた。ボロボロの布一枚をまとい、髪は乱れている」との記述があると指摘する。

この肉人は浮浪者であったとされるが、謎が多い。天下人として君臨する家康の城内警備を突破し、庭にまで浮浪者が入ってこられるものなのか。また、大賀弥四郎の心霊が共同幻覚となってあらわれたオカルト説、宇宙人説、はたまた白沢図に伝わる「封」と呼ばれる肉妖怪を、家康が召喚したが大騒ぎになったため山へ帰した、など奇怪な説明が山ほどある。ちなみに『一宵話』には、

「封の肉は仙薬として知られる。家臣が騒がなければ、その肉を家康公に奉ることができたのに」

と、肉人の話を聞いた学者の発言も記されている。

というのも、当時の家康は不老長寿の薬を探し求めており、自らもブレンドするなど調合に凝っていたという。また幕府は、１６０７年にタバコの喫煙を禁止している。伊達政宗や秀吉

の側室・淀殿も愛用するなど、すでに一大ブームとなっていたのだが、それに待ったをかけたのだ。既に将軍職を家康に譲られていた秀忠が、大のタバコ嫌いだったからといわれているが、長生きに命をかける父に配慮したと見えなくもない。

つまり『一宵話』にみられる肉人の出現は、家康の病的な健康志向を風刺した話とも考えられるのだ。

## ●健康オタク家康

家康は当時から病的なまでの健康オタクとして知られていた。

1585年の春、44歳のときのことだ。家康にはある悩みがあった。背中に大きなコブができ、激しい痛みが襲って夜な夜な眠れない。そこで彼は小姓にハマグリの貝を持ってこさせ、コブを挟んで膿を勢いよく絞りとらせた。ところが、コブはより大きくなり、さらなる激痛が家康を襲う。すっかり落胆した家康は、死を覚悟し、遺言をしようと厳粛な態度で家来まで集めた。だが、医者に診せるとすっかり治ってしまった。

そのときの様子は、桑田忠親によれば、

「医者が、びっくりするほど大きな灸を家康の背中にすえて帰った。家康は異様なうなり声を立てた。今度は高熱が襲った。うなり声は、うめき声へと変わっていく。それが朝まで途絶えることはなかった」

このように家康は、医者に診せる前に、自分で自分の体を治療したことが多くあったようだ。そのことを諫めた医者を島流しにするほど、調剤の知識に自信があった。

1616年、家康は鷹狩に出た先で倒れ、4月17日に駿府城で死去した。天ぷらによる食中毒死が長らく信じられてきたが、これは誤解であり、胃癌が直接の死因であると見られている。むろん「セルフ調合」が病状を悪化させた可能性がある。

旅芸人という裏社会にルーツを持つ天下人・家康は〝つくり馬鹿〟や〝健康オタク〟といった逸話を現世に残し、今も日光東照宮に「大権現」として祀られている。

生涯虐殺数累計6万人!?

# 織田信長

尾張の小大名だった織田家に生まれながら畿内全域を制覇し、天下統一まであと一歩のところまで迫った織田信長。本能寺の変で横死し、天下布武の野望が叶えられることはなかったが、そのカリスマ性リーダーシップ、天才的な戦の強さから現代でも人気が高い。日本の歴史シミュレーションゲームの代表作『信長の野望』も彼の名を冠している。

反面「鳴かぬなら　殺してしまえ　ほととぎす」の一句に象徴される、敵対勢力に対する容赦ない焼き討ちや掃討作戦から「怒らせると何をするか分からない人物」としても一般に知られている。

本項ではすでに語り尽くされた信長のリーダーシップではなく、彼が部下や抵抗勢力にとった仕打ちとその裏にあった気質から、実像に迫りたい。

## ●引き締まった肉体を持つ〝族の頭領〟

1534年、織田信長は、現在の愛知県にあたる尾張の国に生まれた。信長が属する織田家は尾張守護代の重臣筋にあたり「弾正忠家《だんじょうちゅうけ》」と呼ばれていた。つまり室町幕府体制の中では「領主の代理の家臣の一人」にあたり、決して国内での地位は高くなかった。

信長の父で〝尾張の虎〟と呼ばれた信秀は、そんな中にあっても積極的な領土拡張政策をとる。

1551年に没して信長が跡を継ぐまでに国内でも一番の勢力を築いたが、統一には至らなかった。家督を継いだ信長は、弟・信勝の謀反を鎮圧すると瞬く間に国内を統一し、1560年の桶狭間の合戦を経て、畿内での勢力を急激に拡大していった。

家督を継ぐ以前の少年期には、乱れに乱れた服装で、歩きながら餅を食い凶器まがいの火打石を隠し持ち、馬に横乗りするなど、その姿はまるで暴走族の頭領。

身長は約165センチ、体重は60キロ程度で、戦国時代の人々の平均身長がおよそ150センチとすれば、信長の体格はなかなかの偉丈夫と言っていいだろう。

端正な顔立ちをしており、髭も濃くなく胸毛も薄かったと言われる。その容貌は一説によると、織田家が美貌の女性を何世代も娶った美形政策の成果であるそうだ。

身長に比べて体重が多めなのは、乗馬や山登りに加え、弓の訓練で鍛えに鍛えた筋肉のせいだ。胸囲は90センチ以上あったといわれ、その膂力を裏打ちするエピソードもある。

福岡市博物館に所蔵している名刀に「圧切長谷部《へしきりはせべ》」という刀がある。物騒な名前だが、これは信長が彼に無礼を働いた茶坊主を「圧し切った」ことに由来しているのだ。「圧し切り」とは振りかぶらずに押すだけで対象を斬ることを指し、これには切れ味だけでなく、相当な筋力を必要とするらしい。

信長を怖れた坊主は膳棚下に隠れたが、構わず机ごと圧し切ってしまったという。

信長が使用した「天下布武」の印

**●長年の重臣もお構いなしに処分**

桶狭間の合戦後、1567年に美濃の国を手に入れた信長は「天下布武」の朱印を用い始める。本格的に天下統一を意識したこの地から、織田軍の快進撃がはじまるのである。急激に勢力を拡大する中で、信長は家中に徹底した成果主義を敷く。草履持ち出身の豊臣秀吉が重臣となっていくのが、その象徴だ。

しかし苦労して業績を上げても、瞬く間に転落した家臣もいる。佐久間信盛が、その最たる例だろう。信盛は信長の父の代から仕えた重臣である。信長の青年期、その破天荒な言動が「うつけ」だとして家中で問題となった時も彼を信じ、支持した忠臣だ。弟の信勝が謀反を働き、家督争いが勃発した折も一貫して信長の味方だった。その後、信長が中央に進出した後も各地を転戦し功を上げた。

織田軍団に欠かせない存在だった柴田勝家（左）と丹羽長秀（右）

信長が最後の足利将軍・義昭を奉じて京都に入った1568年ごろ、流行った歌がある。

「木綿藤吉　米五郎左《こめごろうさ》　掛かれ柴田に　退き佐久間」

これは織田家に不可欠な武将を、その得意分野と合わせて歌にしたものだ。藤吉とは秀吉のことである。木綿のように使い勝手がいいということだ。五郎左は、外交や行政面で織田家を支えた重臣・丹羽長秀のこと。米のように無くてはならない人材を指す。「掛かれ柴田」では織田家随一の猛将・柴田勝家の武勇を称えている。

そして「退き佐久間」は佐久間信盛が「退き戦」つまり撤退戦で活躍したことを表現している。秀吉や勝家と同じく、信盛も織田家の躍進に大きく貢献した一人だったのだ。

1576年、信盛はそれまでの功績が認められ、

天下統一目前の信長を討った明智光秀

一向一揆を扇動する本願寺攻めの最高指揮官に任じられる。彼はこの時点で、織田家中でも最大規模の軍団を統率していた。

信盛は大軍を率いて本願寺勢を包囲するが、抵抗は激しく戦線が膠着した。4年に亘る停滞に業を煮やした信長は、本願寺との和睦を決断する。信盛は、近畿7カ国の大名たちを与力として引き連れながら、それを無駄にしてしまったことになる。

宙に浮いてしまった大軍を統率する信盛と子・信栄のもとに信長から19カ条に亘る「折檻状《せっかんじょう》」が届く。そこには佐久間親子の罪状が事細かに列挙されていた。

「貴様ら親子は織田家中随一の大軍を率いていながら、悪戯に月日だけを消費した。他の諸将は競って手柄を立てているのに、二人は一戦交えて雌雄を決するでもない。武勇がないなら、ないなりに敵を調略するなり、対応策を相談しに来ればいいのに、それもない」

他の諸将と比較して、信盛の対応をこれでもかと非難している。「できないなら、できないなりに意見を聞きに来い」というくだりが恐ろしい。信長はさらに続ける。
「そもそも貴様らの領地経営の手法もいただけない。自分の蓄えを増やすばかりで、家臣の知行を増やさない。天下の面目を失ってしまった。ここまでひどい者は高麗、唐、南蛮どこを探してもいない」

信長の叱責は本願寺攻めとは関係のない分野にまで及ぶ。そして、追及はまだまだ続く。
「三方ヶ原の戦いや朝倉氏攻めでの失態も許し難い。30年も私に仕えていながら、素晴らしい功績など何ひとつない。かくなる上はどこかの敵を討ち平らげるなり、討ち死にするのが筋だ。そうでなければ頭を丸めて高野山に入って許しを乞え」

ついに8年も前の失態を蒸し返されている。加えて30年の忠誠を全否定し、とどめをさしている。信盛親子は慌てて高野山に入るが、つき従うものは僅か2名。信盛は1582年の1月、信長の死を待たずに紀伊熊野にて寂しく死去した。

信長は、信盛のみならず、盛んに重臣の過去の罪を蒸し返している。老臣・林秀貞の場合はなお酷く、信長と信勝の兄弟が家督を争った際に信勝側についたかどで追放されている。実に30年近く前の罪である。

何事においても即断即決、さっぱりとした性格で知られる信長だが、このように相当な執念深さで部下を裁いたこともあった。

天下一の権勢を誇る織田家の軍団長、重臣から一夜にして放浪の身となる古参の老臣たち。それを見ていた明智光秀が「次は我が身」と決起するまで、そう時間はかからなかった。

## ●徹底した「根絶やし」政策

失態を犯した部下にはまったく容赦がない信長。それが敵ともなれば、何の遠慮もない。敵を追い詰めるしつこさ、徹底ぶりは『信長の三大虐殺』と言われる掃討作戦に表れている。これらはそれぞれ、比叡山の焼き討ち、１５７０年の長島一向一揆、１５７４年の越前一向一揆を指している。

なかでも著名なのが比叡山の焼き討ちだ。信仰の自由こそ認めていた信長だったが、宗教を利用して、しつこく彼の政策に異議をとなえ、破壊活動を繰りかえす比叡山を激しく嫌悪した。

当時の信長は「第一次信長包囲網」に苦しめられていた。彼が拠点としていたのは岐阜と京都であったが、その補給路を押さえる形で聳える比叡山は、軍事的に見て厄介な存在であった。比叡山の延暦寺は黄金を贈って事を収めようとするが、信長は応じない。

彼は、「夜に攻めると夜陰に紛れて逃げる者がいるから、早朝を待って皆殺しにしましょう」

という部下の進言を受け入れ、午前6時頃、麓の坂本に襲いかかると抵抗する僧兵たちをことごとく斬り捨てていく。避難していた学僧、上人までもが容赦なく首を刎ねられ、非戦闘員の女子供が助けを求めても皆殺しにした。死者数は資料によって増減はあるものの、１５００人から４０００人であるという。

そして１５７０年に本願寺門徒が蜂起した長島一向一揆。彼らは「信長包囲網」で孤立した伊勢長島の小木江城《こきえじょう》を陥落させる。信長の弟・信興を含め織田一族が約10名犠牲になったとあって、信長の怒りは頂点に達し2万人を数珠つなぎにして焼き尽くした。

しかし、それでも信長の恨みは晴れていない。

１５７４年に蜂起した越前一向一揆では、信長が任命した越前守護代が殺されて国が乗っ取られてしまった。ところが本願寺の大坊主らが私欲に走ったため、かえって国内の民衆や豪族の反発を招いていた。

これを好機と見た信長は翌年8月、柴田勝家に7万の軍勢を与え越前に侵攻させた。

一揆衆は太刀打ちができず、すぐさま敗走を開始。

さらに手を抜かない信長は徹底した皆殺しを開始する。まず杉津城を皮切りに木ノ芽峠城、龍門寺城、河野丸砦の城兵を次々に血祭りにあげた。鉢伏城の指揮官たちは「私の自害と引き

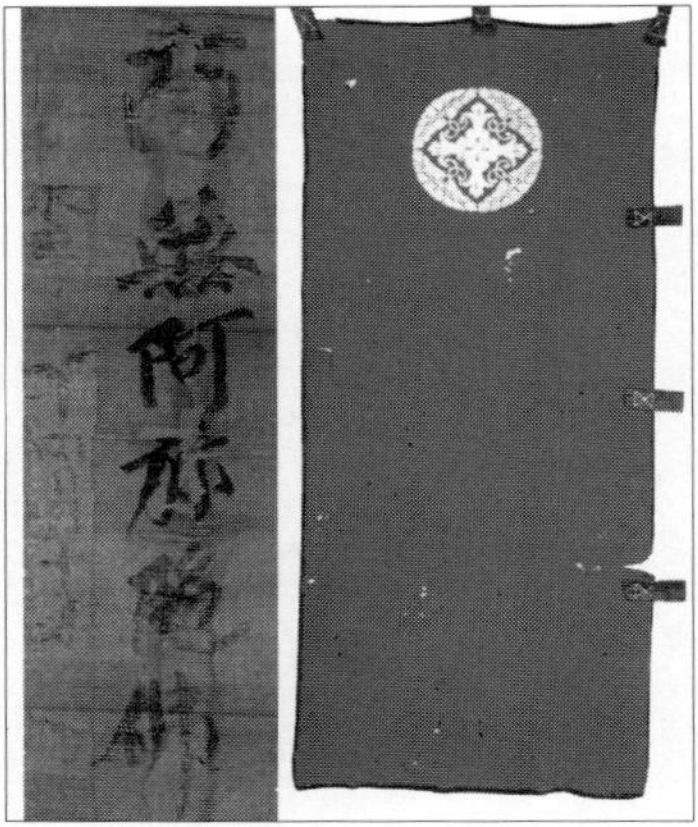
本願寺の門徒たちが使用していた旗

換えに城兵の命を救ってくれ」と懇願するが、織田軍は彼らの切腹をわざわざ見届けた後、残念ながらすべての兵を皆殺しにした。その後も逃げる一揆衆を次々にとらえ、磔・釜茹でにかけ総計１万２２５０人以上を抹殺した。

この虐殺劇が終わった後、信長は京都所司代・村井貞勝に書き送った手紙の中で、

「たくさんの首を斬って、憂さを晴らしたぞ」

と恨みがスッキリした様子を見せている。さらに府中の町や近辺で都合２０００人を斬首したことについて、

「町は死骸で埋めつくされた。空いている場所はない。その有り様を見せたいものよ」

と不気味に形容している。


信長の生涯虐殺数は６万人に達すると言われ、これは日本史上に類を見ない数字だ。短気で残虐なイメージそのままだ。あまりに度が過ぎて開いた口が塞がらない。

信長が一揆殲滅のような作戦を繰り返すのは、激情に駆られたというより自分に逆らう者＝

異物の存在は絶対に許さないという、極度の潔癖症がそうさせたように見える。

信長の部屋は埃など一切なく、つねに美しく整理されていた。部屋を掃除していた幼い下女が果物のかすを処分し忘れた時、その少女を有無をいわさず斬り殺したという逸話も残っている。

## ●生き神様になって賽銭を要求

敵国の悉くを滅ぼし、抵抗する宗教勢力を皆殺しにして、信長の天下統一事業は進んでいった。拡がる領土に伴って膨れ上がった信長の自負心は、ついに自身を神として祀らせるまでに至る。

豪華壮麗な安土城の敷地に、摠見寺《そうけんじ》という信長を本尊とする寺を作らせたのだ。ポルトガル人の宣教師ルイス・フロイスはこう書き残す。

「寺には普通、ご神体と呼ばれる〝石〟がある。しかし安土にはそれがない。彼は『私自らがご神体である』と言った」

さらに、摠見寺には次のような紙が貼り出されたという。
一、お金持ちの人が祈れば、よりお金持ちになるでしょう。貧しい人や身分の低い人が祈れば、お金持ちとなり、良い身分になるでしょう。子どものいない人は子どもに恵まれ、長生きできるようになるでしょう。

一、この寺に祈れば、80歳までは長生きし、病気はすぐ治り、希望が叶えられ、健やかな日々を過ごせるでしょう。

一、私の誕生日を聖なる日とし、この寺へ必ずきて祈りなさい。

一、以上のすべてを信じたものには、確実に疑いなく、祈ったことが必ず実現するでしょう。これを信じない邪悪な人たちは、滅ぶでしょう。たとえ来世で生まれ変わっても滅ぶでしょう。だからすべての日本人は、大きな崇拝と尊敬をこの寺に捧げることが必要です。

新興宗教の教義さながらの文面である。このように、権力者が自分を祀らせるトレンドは信長からスタートし、部下の秀吉も真似して、徳川家康も東照宮で自らを祀らせている。特に信長は、きちんと「賽銭を入れるように」と求めており、なかなかしたたかなのだ。

前述したように、信長は比叡山の僧侶など宗教を信仰する者を大量に虐殺していた。さらに自身を神として祀らせたとなれば、孤高の無神論者であるかのような印象を受ける。

だが、それは違い、信長は若い頃から地元・尾張の熱田神宮を手厚く保護し、敬っていた。

信長の敵は神ではなく、あくまで自身に抵抗する宗教勢力の利権だったのである。

## ●黒人を家来に登用

現在の蛇池。名古屋中心部からバスで20分ほど

　ところで、信長の神に対する執着がどれほどだったのかを示すものとして、『信長公記』に記された、あるエピソードがある。

　ある冬のこと、尾張の「あまが池」では、化け物のような蛇神さまが出現するという噂が立っていた。それを聞いた信長は、周辺の村から人々を駆り出し、数百の桶でいっせいに池の水約５００万リットルをかきだしていく。

　数時間が経過し、やっと7割ほどの水が減った。すると、信長はすかさず極寒の池に飛び込み、続いて泳ぎで評判の鵜左衛門が飛び込む。

　結局、あまが池４０００平米の大捜索で、信長が大蛇に出会うことはなかったものの、蛇神一匹でもこの執念。あくまでも、自らの目で確かめなければ気がすまないのだ。

1581年、宣教師ヴァリニャーノは黒人を連れて信長を訪ねた。信長は大変驚いた。なぜなら黒人の肌の色が、色白の自分とあまりに違っていたからだ。宣教師は、

「生まれたときから、そのような肌なのです」

と説明するが、信長は、

「塗っているに違いない」

と言って聞かない。早速、入念に体を洗わせた。だが、いくらしつこく洗っても肌は赤ぎれて、より黒色が強調されるばかり。信長は、ようやく世の中にはそうした人間がいることを理解すると、その黒人をヤスケと名づけて京都の町を連れ回したのだ。

信長は珍しがって連れ回しただけなのだが、恐らく人々にとっては事件だったはず。当時の町の人々の反応はわかっていないが、まだ多くの人々は、自分たちとは違う外国人が〝いる〟という認識すらなかった時代。さぞかし驚いたに違いない。

しかも、家康が国内を統一し、江戸時代となって鎖国する以前の話だ。昔話に出てくる赤鬼・青鬼とは、白人を指したともいわれるが、当時の人が黒人を見て何にたとえたか気になるところである。

信長の家来となったヤスケは、本能寺の変で奮戦したが、明智光秀に捕らえられ、「ヤスケはわけもわからず戦っていただけ」と放免された後、消息不明となる。もし、信長が本能寺で死ななければ、有力な黒人武将として活躍が期待されたかもしれず、実に惜しい。

## ●信長が愛した男たち

敵味方に厳しく、己に甘い信長でも、戦国武将のご多分に洩れず小姓は寵愛していたようだ。

当時描かれた黒人奴隷たち

当時としては男色は珍しいことではない。小姓は武将の秘書であり、優秀な護衛であり、戦場では夜のお供も務めた。生理によって血を流す可能性のある女性を同伴するということは「穢れ」を戦場に持ち込むということであり、縁起が悪いこととされていたのだ。

幹部候補生としての意味合いもあり、小姓出身の名将は数多い。

信長の小姓出身の武将としては、卓越した軍

伝令役などを任された母衣武者（左）と信長の小姓出身武将・蒲生氏郷（右）

才を持ちながら早世し秀吉に「彼に関東八州を与えたかった」と嘆かせたという堀秀政《ほりひでまさ》がいる。才能を買われて信長の娘を娶り、諸大名からその智勇を賞賛された蒲生《がもう》氏郷《うじさと》も、もとは信長の小姓だ。

彼らは出世のスピードや、任されている任務の大きさから、明らかな特別扱いを受けていたことが窺え、信長から溺愛されていたことが分かる。

信長が愛した小姓と言えば、森蘭丸が真っ先に挙げられる。しかし、これは小説や映画の影響であり、実際に彼が近従として勤務したのは二年足らずであるとされる。最も信長の愛を受けとめたとされているのが「槍の又左」と言われ、武勇を誇った前田利家だ。

幼少から信長に仕え、「母衣《ほろ》衆《しゅう》」と呼ばれる親衛隊の隊長を務めるなど緒戦で活躍し、豊臣政権下では五大老に列せられるまでになる人物だ。彼には、こんな逸話が残されている。

「亜相公御夜話」によれば、ある時、信長が諸大名を安土城に招き御馳走を振るまった。気分をよくした信長は、大名一人一人に声をかけていく。

柴田勝家には、

「勝家、お前をはじめ、皆がよく働いてくれたおかげで、余は天下を取ることができた。満足だ」

といった具合。前田利家の番になると、信長は彼の髭をつかみ、こう言った。

「貴様が少年の折は、夜になると片時も体から離すことがなかったな」

諸大名は利家を羨ましがったという。現代なら一同静まりかえることだろうが、戦国時代には当然のたしなみだ。

蘭丸は本能寺で信長を守り、戦死してしまったが、生きていれば利家のように「織田政権」の有力幹部になっていただろう。

少年の頃の利家。なるほど、美少年である

## ●抹香ぶちまけの真相

少年の頃の信長には奇行の逸話が尽きない。

1551年、信長は父・信秀の葬式に奇抜な出で立ちで現れた。服装や髪は乱れ「うつけ」らしく無礼極まりない。そして、なにを思ったか抹香を鷲づかみにすると、父の仏前にぶちまけたのだ。対する弟の信勝は儀礼にのっとって焼香する。見ていた家臣たちは「信勝様がお世継ぎなら良かったものを」と嘆いたとされる。

このエピソードは青年時代の信長が、荒々しい気性の持ち主であったことを示すものとして、引用されることが多い。

しかし、歴史考古学者の西ヶ谷恭弘は、

「葬儀の際、死者を驚かし、目を醒ますため、仏前で「カッ」と叫んだり、ドラを鳴らしたり、鉦《かね》を叩いたりする」

という僧侶の話を引用して、この逸話を好意的にみている。

かつて、国内では盆になると災厄を払い、霊の鎮魂を行うため、村人が集まって、太鼓や鉦を叩いていた。それは『念仏踊り』と呼ばれ、この風習から、いわゆる盆踊りが生まれ、さらに田楽と呼ばれる古典芸能の舞踊が発展していく。

信長は、〝徹夜しなければ命が縮む〟といわれた庚申の夜に、家臣と徹夜で踊り明かしたほど、舞うことが大好きだ。幸若舞《こうわかまい》を踊るなど古典芸能にも精通している。また、『爆竹祭り』を主催するなど、賑わいのあるイベントも非常に好んでいる。もちろん信長は、平安時代に起源をもつ念仏踊りの由来や習慣を知っていただろう。当時にあって、物音を鳴らして亡魂を鎮めることは不思議なことではない。

民俗学者の牧田茂は『日本人の一生』で、親族のタマヨバイ（魂を呼びもどす風習）について、こう記している。

「タマヨバイをやっても、魂がからだへ帰ってこなかった場合、これが「死」なのです。昔の日本人は、だから、人が死んだり、あるいは死にそうになったときには、いろんな方法をもって、その魂を呼び戻そうとするわけです」

親族の死は、ときに当人にとって受け入れがたいときがある。これはあくまで筆者の考えだが、信長は最後に、彼流の大胆なタマヨバイを実践してみせたのではないだろうか。

とはいえ、宣教師フロイスに説明を受け、日本人として初めて「地球は平面ではなく、丸い形をしている」ことを理解したのも信長だ。合理的な信長は、死んだ人間が蘇るタマヨバイの儀式が気恥ずかしくて、乱れた服装で乗り込んできたのではないだろうか。

今では見られなくなったが、人の死を諦めきれない者が、米の入った筒を振って音を聞かせたり、桝を棒で叩いて魂の力を呼び戻すという風習は信長の時代にあっては、少しもおかしい話ではなかった。さらに、タマヨバイに使う道具に決まりがあったわけではない。仏前に立った時、手近なところに抹香があったというだけだったのかもしれない。

信秀の死後、家督を継いだ信長は鉄砲の大量運用などの画期的な戦術や、徹底した家臣への成果主義の導入などによって勢力を拡大し、天下統一まであと一歩のところまで迫った。本能寺の変で明智光秀に討たれるが、この時49歳であった信長が天下統一を成し遂げていれば、どのような国が形作られていったのだろうか。天下太平などと言われる家康の江戸時代とはまるで違う、激しい競争社会が繰り広げられていたかもしれない。

独眼龍は元ひきこもり

# 伊達政宗

伊達政宗といえば、まず仙台城址の銅像を思い浮かべる人が多いのではないだろうか。騎馬に堂々とまたがり、半月を模した前立の兜をつけ、仙台市を見下ろしているその姿は、まさに東北の英雄そのものだ。

隻眼の身でありながら奥州に覇を唱えた姿から「独眼龍」の異名をとった政宗は、日本の戦国武将の中でもトップクラスの人気を誇る。近年はドラマや漫画等の主人公にも起用され、「伊達者」のイメージそのままの美男子として描かれている。しかし、これらの伊達政宗像は実像を正しく反映したものなのだろうか？

## ●元服を急かされる

伊達政宗（幼名・梵天丸《ぼんてんまる》）は1567年に現在の山形県米沢市にあたる、米沢城で産声をあげた。父は伊達家16代当主の輝宗《てるむね》。母は最上義守《よしもり》の娘・義姫。二人は今でいう政略結婚で結ばれた。両家は互いの家督争いに度々介入する緊張状態にあり、この結婚はそれを解消する狙いがあったと言われる。

梵天丸が生まれた頃、既に中央では信長が美濃国を落とし、気炎を上げていた。岐阜城を本拠に定めて「天下布武」の印判を使いはじめた信長は、33歳になっている。

伊達家は室町幕府と縁が深い。彼らは幕府の地方官制である奥州探題を任されていたが、信長が室町幕府を滅ぼすと方針を即座に切り替える。

「東北の全権を統率できる強い意志をもった跡取り、天下を狙える男こそが伊達家の跡取りぞ」

輝宗は日頃から息子たちをよく観察していた。戦国大名の元服は、通常は15歳前後で行われることが多い。梵天丸が11歳という異例の早さで元服を済ませたことは、奥羽の情勢や旧体制の崩壊による緊迫感が、強い後押しをしていた。

政宗に大きな期待をかけていた父・輝宗

元服の際に、父・輝宗は祈りを込めて、伊達家中興の祖・9代目政宗の名前を梵天丸につけた。それまで伊達家は将軍足利家の名前を一字もらって跡継ぎの名前に組み込んでいたが、その習慣も政宗の元服とともに、あっさりと捨てられた。

## ●短刀で目玉をえぐられる

政宗は元服するまでに、ある深刻なコンプレッ

政宗の右腕として知られる片倉景綱

クスを乗り越えて立ち上がっていた。その容姿、独眼龍の由来とされる右目の失明である。それまで政宗は、幼児にしてはとても聡明であったという。怒りの形相を持つ不動明王を前にして、その内に溢れる優しい慈悲を感じ取り、

「戦国の大名もそうあるべきか」

と感慨を漏らすなど逸話も残る。だが、5歳の頃、疱瘡（天然痘）を患った政宗は性格が一変して暗くなってしまった。顔はアバタだらけで赤くなり、人前に出ればさらに赤く、人との出会いに尻込みしてしまう。伊達家臣の間には「主君が務まるのか？」といった疑念すら生まれた。

やがて疱瘡の毒素が右目に回ると、眼球はゼリーのように大きく膨れ上がり、潰れて眼窩から押し出されて下の目蓋に醜く垂れ下がっていた。

政宗はこれを恥じた。5歳から9歳までの多感な時期に、政宗は外で遊ばなくなった。後世、勇猛で鳴らす政宗とは思えない少年時代である。無口でひっこみ思案、鬱屈した日々を過ごす

彼を、母親も次第に遠ざけ次男・小次郎を溺愛するようになったといわれる。

政宗の教育係は片倉小十郎景綱だった。この出羽出身の新参者は、後に〝鬼の小十郎〟と呼ばれ、政宗に忠誠を貫き通し、一代にして武勲を知らしめる人物である。母親が避けるほどの政宗の引きこもり癖。これには景綱も手を焼いていた。

ある日、景綱は政宗が元気よく家臣たちと鬼ごっこに興じているのを見て、

「珍しいことだ」

と嬉しく思った。だが、家臣たちの様子がおかしい。よく見ると、殺気だった政宗が、

「目玉出せ！　この目玉えぐり出せ！」

と泣きながら喚いているではないか。今のような外科手術がない時代、家臣たちは、

「跡継ぎにそのようなことをすれば、我らの命が危ない」

と、追いかけてくる9歳の政宗をなだめることもできず、逃げ回っていたのだった。

景綱は思わぬこの騒動に冷や汗をかいたが、政宗が取り乱していることを嘆く前に、彼は覚悟を決めた。

教育係である景綱は、叫びながら追いかけてくる政宗の前に、仁王立ちで立ちはだかると、こう言った。

「では、私が右目を切りましょう。目玉だけでなく、醜くなってしまったその心も」

景綱は忍ばせていた脇差をやおら抜き放つと、まずは政宗の飛び出した目玉に軽くあてがった。そして、彼に左目を瞑らせると、一息に眼球をえぐり出した。右の眼底から大量の鮮血が噴き出し、二人の顔は真っ赤に染められた。

これが政宗が元服する2年前の話である。この騒動をきっかけに政宗は明るさを取り戻し、持ち前の聡明さで兵学にも精進した。

自信に溢れた態度は父・輝宗を大変喜ばせ、元服以後は家臣の団結も強くなったという。そして政宗は18歳になったとき、輝宗から家督を譲り受けたのだった。

## ●本当は右目に未練があった

ただ、景綱が眼球を切り取った際、あまりの痛みに政宗は気絶しそうになってしまった。そのことを政宗は常に気にしており、

「我、目の玉を切り落としたるときの不覚は、生涯の不覚なり」

と、その恥じらいが『明良洪範《めいりょうこうはん》』によって静かに伝えられている。

ところで、切り取られた眼球の行方はどうなったのだろうか。これには諸説あるようだ。著

者が1980年代に読んだ『学習まんが日本の歴史』によれば、母親が政宗の前で干からびた眼球を食べてしまったと説かれている。理由は、

「もともと息子は私の胎内から出てきたもの。腐った目玉とはいえ、それを私が食べるのは、一度胎内から出たものを戻すだけの話なので、なにもおかしいことはない」

というものだ。ただこの説は、母が政宗を疎んじていたことと整合性がとれない。

政宗自らが食べてしまったという説もある。豊臣秀吉や徳川家康と謁見した際、

「右目はどうした?」

と問われると、

「木から落ちたときに、右目が飛び出てしまった。しかし、あまりに美味しそうだったから、思わず食べてしまった」

と答えたというのだ。この場合、木から落ちて目玉が取れたので、景綱の必死の目玉えぐり話は、〝無かった〟ことにされている。この政宗自身が眼球を食べた話は、景綱に目玉を切られ気絶をしかけたという不覚を恥じる気持ちと、過去の深刻なコンプレックスを隠したい心情が生んだ〝豪胆なジョーク〟と見るべきだろう。政宗の複雑な心情が垣間見える。

晩年になっても政宗は隻眼のことをとても気にしていたらしく、70歳になった頃、彼は遺言

で次のように言い残している。

「もし私の肖像画や、木像を作るようなことがあったら、両眼健全な顔に作ってくれ」

作家の海音寺潮五郎は、

「70歳になった爺さんがそんなことを言い出し、遺言にまでしてしまうのは、よほど右目の無い人生がこたえたのだろう」

と述べている。現在、仙台城址にある政宗像や、狩野安信筆の伊達政宗像が隻眼ではなく、両目が備わっているのは、そのような事情からである。こういった逸話からは、コンプレックスに悩む意外に繊細な政宗像が浮かび上がってくる。

## ●阿武隈川の悲劇

秀吉が関白に就任した1585年、19歳になった政宗は東北の平定を志し、隣国との合戦に明け暮れていた。その年の10月、政宗が鷹狩に興じていると突如、宮森城にいた父・輝宗が拉致されたという知らせが飛び込んできた。二本松城主・畠山義継の仕業である。

義継は、二本松城を攻略しようとした政宗に先んじて、降伏を申し入れてきた人物だった。和議は隠居した輝宗が受け持ったが、義継は大幅に領地を没収されることになった。だが、お

家取り潰しは避けられたものの、義継の心境は煮え切らなかった。そこで和議当日、部下数名を引き連れ、

「今回は和議を受けてくれて感謝しています。私たちの命も助けて頂いた。御礼をさせてください」

と一見和やかに輝宗を訪問し、挨拶を済ますと、玄関まで一人で見送りにきた丸腰の輝宗に短刀を突きつけ人質に取ってしまったのである。

家臣が異変に気づいた頃には、既に義継らは宮森城を脱出していた。輝宗は馬に乗せられ身動きのできない状態のまま、拉致されてしまったのである。

義継には勝算があった。このまま二本松城へ逃げて輝宗とともに籠城してしまえば、いかに政宗といえども容易に手出しはできなくなる。義継はこの千載一遇の好機に必死に馬を走らせた。目の前に阿武隈川が見えた。川を越えれば二本松城は近い。そのときだ。宮森城からの追っ手よりも早く、政宗の一隊が立ちはだかった。政宗は鷹狩の最中だったが、知らせを受けて急遽、鉄砲で武装した一隊を引き連れて義継らを追撃せんと追いかけていたのだ。

阿武隈川を渡らせたらそれまでだ。高田ヶ原で義継を追い詰めた政宗の部隊は、一斉に鉄砲を構えるが、撃てない。輝宗が盾にされ、首に短刀を突きつけられている。輝宗は叫んだ。

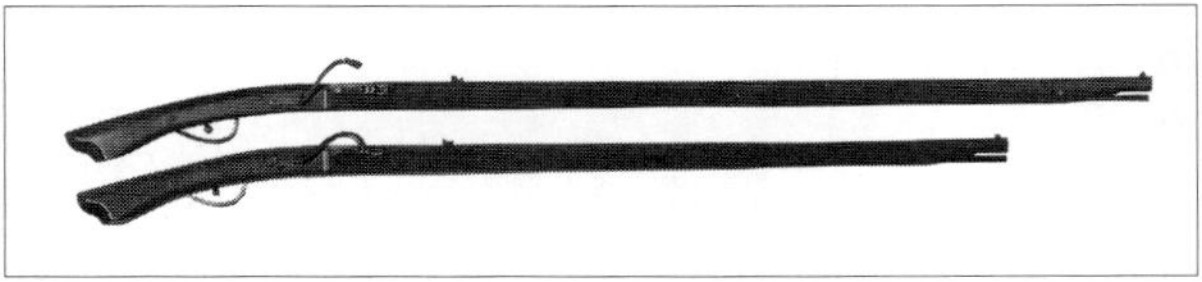

当時の火縄銃。当時の銃に義継だけを狙う精度はなかった

「撃て！　ワシともども義継を撃つのだ！」

政宗が苦渋の末に下した命令は、発砲であった。鉄砲隊の銃口が次々と火を噴いた。弾丸は、父もろとも義継らを貫いた。これが、輝宗拉致事件の顛末である。

ところで、この事件には奇妙な点が指摘されている。義継をすぐに追撃した宮森城の部隊よりも早く、鷹狩をしていた政宗の部隊が武装して到着していたこと、義継が輝宗を拉致した時に「後で俺だけを殺すという噂は本当か？」と口走ったとされることだ。

実は、輝宗拉致事件の真相については諸説入り乱れている。例えば、高田ヶ原で輝宗が死んだことは確かだが、政宗の部隊は現場に間に合わず、政宗自身はその場所にいなかった、とする説、政宗がようやく追いついたとき、既に輝宗は義継に殺されていた後だった、とする説、さらに、拉致事件は政宗が義継と謀った共謀説などが挙げられる。

歴史学者の高柳光寿は『青史端紅《せいしたんこう》』で、政宗はまず義継に輝宗を殺させ、次に父の仇として義継を殺す予定があったと解釈する。

歴史評論家の相川司も、『看羊録《かんようろく》』の一節を引用し、政宗が父を抹殺した可能性に触れる。伊達家は輝宗の代も含め、代々当主と跡継ぎの闘争が繰り広げられてきた家でもある。政宗が隠居した父をも排除し、あくまで伊達家の全権掌握を企んだということ、さらに隷属した大名を駒のように使い捨てたのだとすれば、拉致事件から浮かび上がってくるのは、通説とは少し違った計算高く狡猾な政宗の一面ではないだろうか。

## ●母親に毒殺されかける

ここで政宗の母・義姫という女性の人となりに触れておこう。

東北地方南部の名門・最上家と、実力者・伊達家の縁組で始まった義姫の結婚生活は、決して平穏なものではなかった。

政宗が生まれる前、義姫は不思議な夢を見ていた。ある日のこと、彼女が湯殿山に祈ったおり、夜に静かに寝ていると、夢枕に白髪の老人が立ち現れてこう呟いた。

「あなたの胎内に宿りたい」

突然の出来事に戸惑った義姫は、気味の悪さも手伝って、その晩は僧侶と思しきこの人物にお引取りいただいたという。翌朝、夫の輝宗にこのことを相談すると、

「それは瑞夢《ずいむ》ではないか。良き夢である。次に現れたなら、迎え入れなさい。きっと才知ある子が授かるぞ」

許可を得た義姫がその日寝入ると、再び白髪の老人が現われた。今度は輝宗に言われた通り、義姫は老人の頼みを受け容れた。夢から覚めた義姫は孕んでいたことに気づいたというが、この子こそ後の政宗であった。

政宗を授かったものの、彼女が伊達・最上両家の緊張状態の狭間に立たされていることに変わりはなかった。1588年には、大崎氏の内紛から最上義光と伊達家が対立。これを憂いた義姫が両軍の間に輿で乗りつけ、

「戦うなら私を斬ってからはじめなさい」

と、命を賭けて停戦にこぎつけている。

その気性の激しさは、疱瘡を患って以来、疎んじるようになった政宗をも標的とした。義姫は次男・小次郎を可愛がるあまり、1590年に政宗が秀吉の命を受け小田原へ参陣する途中、彼に毒入り菓子を与えたのだ。これを食べた政宗は毒消しをもっていたため、危うく一命は取りとめた。この騒動は、政宗の弟・小次郎を擁立しようとした義姫と、その兄・義光が企てた暗殺事件だったといわれている。事件ののち、義姫はすぐに実家に引きこもってしまった。

政宗は毒殺騒動があった二日後に弟を呼び寄せ、

「小次郎、お前に罪はない。だが、母親を殺めることはおれにはできぬ。やむをえず死ね」

と言い放って弟を惨殺してしまった。小次郎は、

「どういうことだ兄者！」

と政宗に斬られながら必死に抗議を続け、疑念のうちに果ててしまった。近年では、政宗による弟の処刑は事実だが、毒殺計画を母親が企てて実行したという話は、創作という見方も出ている。いずれにしても政宗と母親の間に複雑な関係があったことは確かだ。

その母子関係も、月日と共に修復されていく。後年、政宗は秀吉の朝鮮戦争のためにはるばる海を渡ったおり、義姫から手紙を受け取っているが、その感激は一通りではなかったという。手紙には、息子を気づかう優しい文面と、現金3両の小遣いが入っていた。政宗は返信する。

「母上。異国の水は合わず、多くの人々が死んでいきました。でも、私は内臓が丈夫なためか、健康です。どうかこのまま命永らえ、もう一度母上にお会いしたいと念願しています。この他、申し上げることはございません」

政宗筆となる貴重な一通。毒殺未遂事件の真偽は定かではないものの、両者は過去のいさかいを乗り越え、親子の信頼関係を取り戻していることが窺える。

### ●家康の鷹を盗む

両親との複雑な関係を示すものを筆頭に、政宗にはひと癖もふた癖もある、策謀に関する逸話が数多い。

かつて秀吉は獰猛なペット猿を飼っていた。ある日、それを政宗が鑑賞と称し、拝借すると、毎日のように猿を厳しくムチ打って調教した。この猿は大名を見ればすぐ威嚇してくる。猿が秀吉のもとへ返されると、この猿が相変わらず他の大名に歯をむきだして威嚇するので、その様子を秀吉は楽しんで見ていた。次に、政宗が城にやってきた。猿は政宗にだけは怯えてしまい、このとき秀吉は政宗の器量に感嘆したのだという。周到な準備と、策略。政宗の知将ぶりが窺えるエピソードである。

同じ動物の逸話でいえば、政宗は鷹狩りが大好きだった。まだ信長が生きているとき、政宗は立派な鷹を信長に贈って喜ばせたことがある。威風ある鷹を目利きし、見込みある特別な人物に捧げる。それが政宗の密かな趣味であり自慢だった。

大坂の陣が一段落した数年後、政宗は広大な鷹場を徳川家から賜った。政宗の鷹場の隣には、家康の鷹場があったが、それが政宗のものより広大だったため、少々小憎らしく思えた。あるとき政宗は、鷹狩をしながらこっそり隣の鷹場に侵入すると、誰も人がいなかった。そこで政宗は思い切り羽を伸ばし、気づけば鳥を3羽・4羽と立て続けに盗み取っていく。果ては鶴にまで手を出したところ、木々がざわめいたので振り返ると、近くに家康が飄々と鷹を使いながら向かってきている。驚いた政宗は、我先に竹やぶの中に逃げ込むと、盗んだものをまず隠し、自らもその中に息を潜めた。

驚いたのは家康も同じだ。

政宗はしゃがみながら、

「是非に及ばず」

と覚悟を決めたが、こんなことでは死に切れない。いざ気を取り戻して周りの様子を窺うと、なぜか家康の姿はなかった。

後日、家康に呼びだされた政宗は、居心地の悪さとともに、家康の話を聞いていた。話は突然、鷹場の話題になった。

「この前、ワシはその方の鷹場へ鳥を盗みに入った。だが、意外な所にその方がおる。ワシは驚いてやっとの思いでその場を逃げた。竹やぶの中にうずくまっていると、その方がわざと見ないふりをしてくれていると思い、息をかぎりに逃げたよ」

政宗は唖然とした。これは運がいい。

「なんと。それがしもその日はお鷹場へ盗み狩りに参りましたところ、見つけられたと思い、息をこらして竹やぶに隠れておりました」

するると家康は、

「互いに泥棒と知っていれば、逃げながら少しは息を休められたものを、双方とも罪人であるから慌てた」

と大声で笑った。政宗も思わず吹き出し、その場にいた家臣も腹を抱えて笑ってしまった。

つまり、政宗が家康の鷹場に入っていると、政宗の鷹場に侵入した家康の姿が見えた。ここで本来、お互いが、

「ワシの鷹場でなにをやっている?」

と追及すればいいのだが、二人とも盗人の意識が先走り、まずは一目散に逃げてしまった、というわけだ。この逸話の隠れた意味は、いわずもがな、天下に近づくものはみな等しく盗人である、ということでもある。

## ●夏の陣で大暴れ

秀吉のもと小田原征伐、朝鮮戦争へと出兵した政宗だったが、秀吉が1598年に死去する

と、新政権を画策する家康側に彼は加担する。政宗は二人に付き合ったことで、20代で荒盗りした会津領ほか１００万石近くを60万石に減らされていた。家康に詐欺同然の仕打ちを受けたこともある。

関ヶ原の合戦前のこと、家康から次のような書状が彼に届けられた。

「勝利した暁には１００万石を加増させる。ぜひ東軍に参加してほしい」

政宗はこれを信じ参戦した。が、後にその文面が〝覚書〟程度であったため法的拘束力が発生せず、この〝１００万石のお墨付き〟は、いとも簡単に反故にされてしまったのだ。

さらに、政宗は関ヶ原の合戦が終わっても、まだ西軍の上杉景勝を執拗に追い詰めていた。遠方にいた政宗には、東軍勝利の結果が即日届かず、２週間も彼は勝利を知らずに戦っていたのだ。そう考えると何とも間抜けで不遇な政宗像が浮かび上がってくる。

１６１４年、家康は豊臣家の血を絶ち天下を統一すべく大坂の陣を起こす。大坂参陣した武将の誰もが、これが戦国時代最後の合戦だと考えていたに違いない。政宗もまた、自身を詐欺に嵌めた家康の天下統一事業の締めくくりを手伝うと知りつつも、しぶしぶ従った。その忸怩たる思いが政宗を駆り立てたのだろうか、冷静な彼らしからぬ逸話がいくつか残っている。

あるとき、政宗が馬上で大坂城を巡回していると、突然銃弾が飛んできた。政宗は身をよじっ

伊達勢の先陣を切る片倉重長隊。真田勢と激闘を繰り広げた

て思わず伏せたが、弾はなんと見当違いの方向に飛んでいた。政宗は伏せたことを恥ずかしく思い、自らの根性を叩き直すため心機一転、馬を下りると徒歩で弾を避けながら城に近づいた。このとき、彼は城壁の前でしばらく立ったまま銃撃隊を挑発して、また歩いて帰ってきている。この話は上杉謙信にも類例があった。恐らく、当時の火縄銃の精度が低かったために可能となった、一流武将の肝試しではあったのだろうが、どこか政宗らしからぬ無謀さである。

また、夏の陣最後の決戦である天王寺の合戦でのことだ。豊臣方の猛反撃を受けた徳川方の神保相茂《じんぼうすけしげ》隊は崩れに崩れ、後方に控えた政宗を頼って、一斉に退却。だが、なんと政宗は彼らに業火の如く一斉発砲を加えた。神保隊は、

「味方であるぞ！　味方であるぞ！」

と旗を降って必死にアピールを繰り返すが、その間にも次々に銃弾に倒れた者が地面を血で埋め尽くした。政宗の集中砲火はやむことがなく、神保隊３００名からすれば、まこと不条理な全滅を遂げてしまった。後に、この件で徳川方から事情聴取をされた政宗は、次のように強弁している。

「味方とて、自軍の前を侵すものは敵である」

部隊は全滅、当主も射殺されてしまった神保家を気の毒に思った家康は、神保相茂の遺児を直参旗本に取り立てている。味方討ちの衝撃は、九州一の武勇を誇る島津家にも届き、

「まるで卑怯者の行いである」

と書かれている。諸大名もこの考えに異論はなかったであろう。合戦自体は徳川方が圧倒的な勝利を収め、秀頼と淀君を葬り去った。伊達軍も、片倉小十郎の息子・重長が豊臣方の猛将、後藤基次を討ち取るなど多大な戦果をあげたが、味方撃ちの一件で諸大名の政宗を見る眼は冷たいものとなったことだろう。

一方で政宗は合戦の最中、豊臣方の大物・真田幸村の遺児を何人も匿っている。そのうちの娘、阿梅《おうめ》に至っては片倉重長の後室に迎え入れているのだ。大坂夏の陣最後の戦いで、数度に

亘る突撃を敢行、徳川方の本陣を壊乱させ、家康の身をも危機に陥れた幸村。その血が続くとは家康にとってあってはならないことであったはずだ。逆に、その遺児たちが徳川家に引き渡されることなく子孫を残しているという事実は、当時の政宗の存在感の大きさを感じさせる。

味方を射殺し、敵の大幹部の遺児を匿う――政宗でなければ「乱心」「謀反」の咎で罪を問われかねない暴れぶりだ。銃撃に身を晒した一件と考え合わせると、この時の政宗は戦国時代が終わり、自身の夢も潰えることへの苛立ちでコントロールが利かないほどの激情に駆られていたのかもしれない。

## ●東北地方をスペインに売る

大坂の陣が終結して以来、政宗はある人物の帰国を心待ちにしていた。支倉常長だ。政宗は大坂の陣の前年、1613年に常長を代表とする遣欧使節をヨーロッパに送り込んでいた。横須賀の浦賀に黒船のペリーが来航したのが約240年後の江戸時代である。日本外交史において特筆されるべきことだ。

政宗の目的は、表向きは通商条約を結ぶことである。強国スペイン、メキシコとの貿易を開始すること。そして、陰の目的は、国内の政権奪回であったといわれている。その野望も、使節団には伝えていた。スペイン国王や、ローマ教皇に謁見すれば、あわよくば海外から援軍を貰えるだろう。当時、スペインには世界に誇る無敵艦隊が存在した。彼らが味方に加われば、家康に落ちた天下を奪回できる。政宗はそう考えた。

政宗最後の大博打とも言うべき書状は、次のような主旨だった。

「政宗は、次期皇帝になるべき奥州の王である。実力でいえば最強である。家康とも縁が深い。日本との通商は利益をもたらし、キリスト教の宣教師は厚遇されるだろう」

〝次期皇帝になるべき〟は完全な詐称である。奥州王といえば聞こえがいいが、東北の一大名だ。さらに、支倉常長がスペイン国王フェリペ三世に演説した口上が凄い内容だ。

「我が奥州王・政宗は、スペイン国王が、保護を求める者に対して寛容な人物だと聞いたので、私たちを派遣したのです。スペインと国交が生まれるなら、政宗は奥州の領土と地位を陛下に捧げます。今後、いつでも陛下の望みに応じ、

政宗の命令でスペインに赴いた支倉常長

喜んで全力を用いるでしょう」（『伊達政宗遣使録』）

これではまったくの売国だ。

通訳が当時の日本語を正確に訳すことができたかは不明だが、ローマでは貴族の称号を与えられたものの、条約を交わすことは叶わず使節としては空振りに終わった。それは政宗の夢がついに潰えたことを意味していた。

その後の政宗は領国開発に力を入れ、江戸幕府を支え続ける日々を送った。家康から将軍職を継いだ秀忠、さらにはその子家光からは「伊達の親父殿」と慕われ、外様大名の中では無類の信頼を得ていたという。

晩年にグルメに目覚めた政宗は、急激に太ってしまったが、共に戦場を駆けた大名たちが次々と世を去るなか、実によく生き、食べた。後年、旧仙台藩邸のゴミ捨て場跡が発掘されると、当時の日本人があまり食べなかったものが次々に発見された。カワウソ・羊・鶴にスッポン……現代でも珍味とされるものばかり。海外に目を向けた政宗ならではのラインナップかもしれない。1636年5月24日、政宗は享年70歳でこの世を去った。1974年には政宗の墓所「瑞鳳殿」の再建に際して遺骨の調査が行われ、晩年は歯槽膿漏で上あごの左右の犬歯を残し全ての歯が抜け落ちていたことが判明した。「伊達男」にしては少々寂しい最期の姿である。

キレると怖いお坊ちゃま

# 真田幸村

真田幸村。その名は大坂の陣の活躍と共に伝えられる。冬の陣では「真田丸」と呼ばれる砦で大軍を退け、夏の陣では一転、敵軍の本陣に苛烈な突撃を繰り返し、徳川家康をあと一歩のところまで追い詰めた。戦国時代最後の合戦に「死に花」を咲かせたという悲劇性も相まって、幸村は日本人の間で絶大な人気を誇っている。

容姿端麗にして、沈着冷静、知謀沸くが如し、その武勇一騎当千……大衆人気に引っ張られながら「幸村像」は進化してきた。その過程で置いていかれた感のある〝生身の幸村〟を活写したい。

## ●キレやすい真田家

そもそも、幸村の本名は信繁だ。「幸村」の愛称は江戸時代に軍記物『難波戦記』に記され、大ヒットしたことで日本人に定着した。信繁は生涯を通じて幸村の名を名乗ったことはない。とはいえ、愛称が日本人の間で広まって久しいので、本項でも「幸村」と呼ぶことにする。

幸村は、1567年に真田昌幸の次男として生まれた。真田家は、信濃の豪族だった海野氏から派生した三田氏が先祖とされる。三田《さんだ》が訛って「真田《さなだ》」になった。現在の長野県上田市真田町が発祥の地である。

父・昌幸は武田信玄の側近として活躍。「武田二十四将」の一人となった足軽大将で、出城を用いた奇抜な戦術、敵の裏をかく智謀に優れたことから、〝小さい信玄〟と異名をとった人物である。武田家滅亡後は織田家、北条家、徳川家、豊臣家、上杉家と次々に従属先を替え、所領を維持した。

1600年、家康が上杉家討伐の軍を起こすと、真田家では重大な家族会議が設けられた。石田三成率いる西軍につくのか、徳川家康率いる東軍に与するのか、が議題だ。昌幸が次々に主家を替える過程で、長男信之は家康の、次男幸村は秀吉の人質として仕えた過去があったため、兄弟の意見は真っ二つに割れる。昌幸は第一次上田合戦で家康の重臣が率いる大軍を寡兵で蹴散らした経緯もあり、西軍派だ。

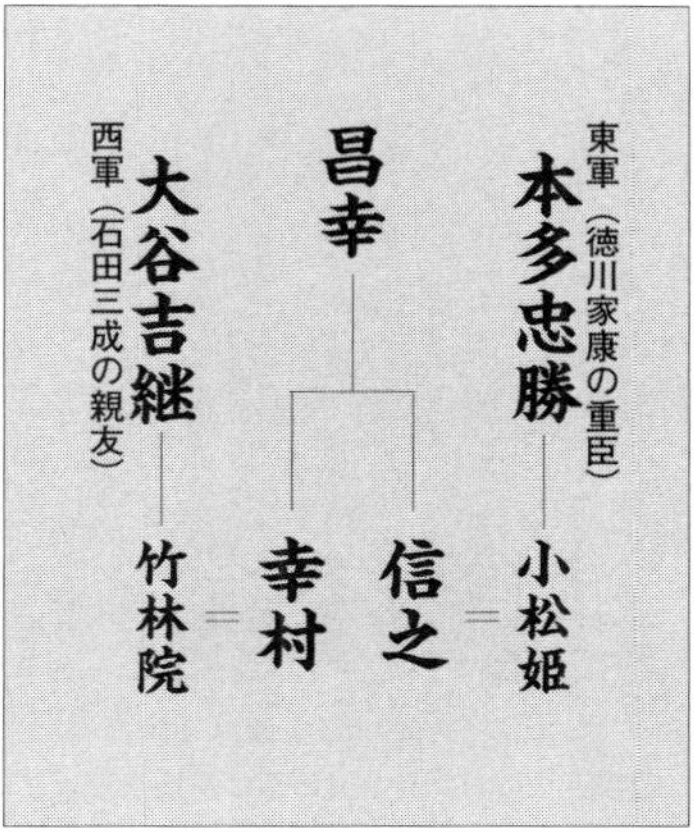

真田の縁戚関係。各々の舅が両陣営の幹部だ

相当に緊迫した話し合いであったようで、密談の様子を心配した家老・河原綱家《かわはらつないえ》が扉を開けると昌幸は激怒、綱家の顔面に下駄を見舞った。前歯が砕け散った綱家はその後も昌幸に仕

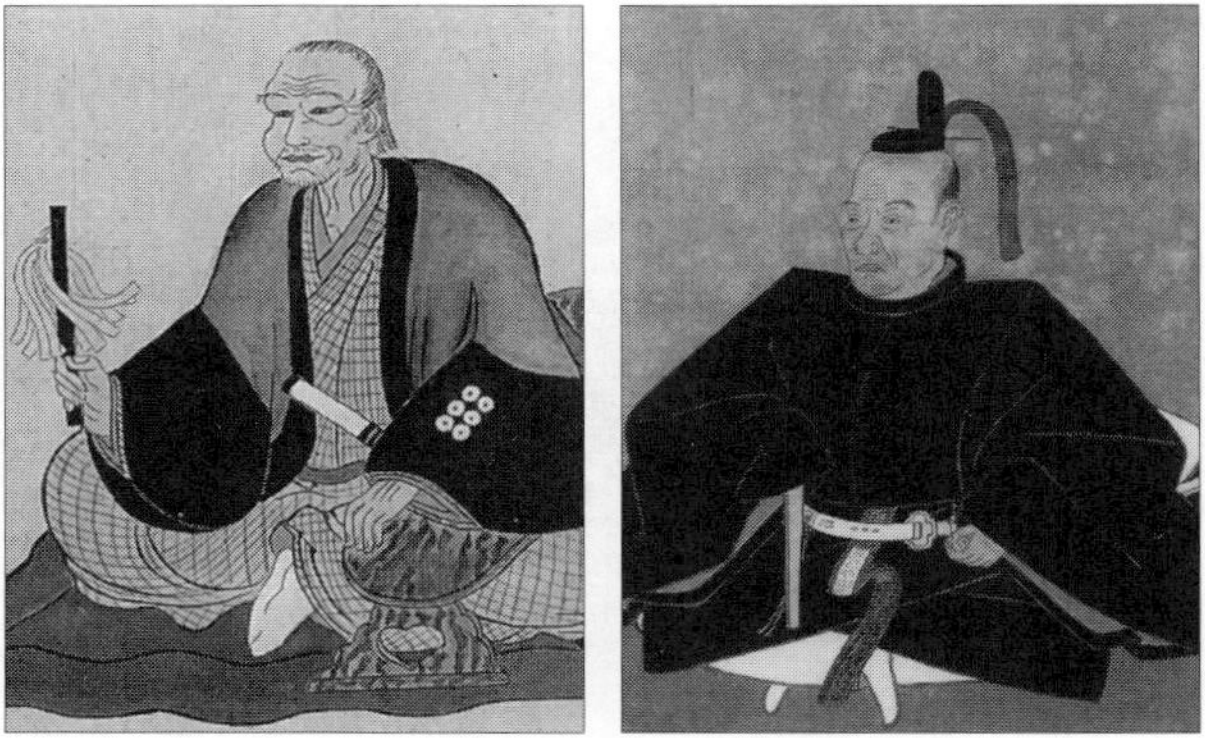

真田昌幸（左）・信之（右）親子。喧嘩別れしながらも真田家の所領を守った

えたが、前歯がないまま歯抜けで生涯を終えている。

幸村は幸村で、信之を手厳しく批判する。

「兄者。我らは豊臣家に恩があります。だから、彼らのために潔く身を捨ててこそ本望なのです。もちろん、兄者もそんな武士の生き様を理解していると思います。それだけに、そんな兄者が徳川に味方し、家を守って命を永らえようとは、恥知らずの誹りを免れませぬ」

信之は、

「お前の言葉は無礼なり！」

と応じ、刀を抜いて斬りかからんとした。家老に下駄を投げるほど興奮していた昌幸も、これには驚き体を張って止めた。

結局、昌幸と幸村は西軍、信之は東軍に分かれて戦うことになったが、幸村は腹の虫がおさまらない。

密談の帰り道、昌幸と信之が正覚寺で一服していると、なんと幸村が腹いせに信之の敷地に火をかけようとしている。

その不審な動きに気づいた昌幸は、

「ばかなことをする！　放火も時によりけりだ」

と言いつつ馬を制し、幸村をうまくなだめたという。（『慶長年中卜斎記《けいちょうねんじゅうぼくさいき》』）

後年「真田家は家を存続するために〝うまく〟兄弟を両勢力に分散させた」とする向きもあるが、逸話から伝わってくるのは一時の感情に激しブチギレ寸前の親子三人である。

## ●殿様育ちが直らない

関ヶ原の合戦では、東軍の家康が勝利し、西軍の石田三成は処刑された。昌幸と幸村はというと、家康の子・秀忠が大軍を率いて関ヶ原へと向かう途上、これを迎え撃っている。

真田父子は3万8000もの大軍を擁する徳川軍を、わずか2000の兵で上田城に足止めすることに成功。東軍の大軍を天下分け目の決戦に遅参させるという〝大金星〟をあげた。

とはいえ敗軍の武勲は家康にとっては死罪に処すべき大罪である。二人は処刑される手はずとなっていたが、信之が家康に何度も嘆願したことで、九度山に流されるだけで済んだ。

二人は流刑地でかなり自由に行動できたという。そこで昌幸と幸村はひとり一軒ずつ家を構えた。物資が窮乏する貧しい土地であったが、信之が生活費を毎月送金してくれた。『真武内伝《しんぶないでん》』によれば、九度山で幸村は狩に興じ、一日中、囲碁に熱中することもあった。和歌や読書にも熱をあげた。家まわりの装飾を華美に変更するなど、質素な暮らしぶりではなかったようである。

二人の生活は大名のそれなのだ。

また、真田家に恩がある蓮華定院の指令も、二人の身の丈知らずの生活に拍車をかけた。『九度山町史』によれば、蓮華定院は、

「殿様育ちの二人が無理をいっても従うように」

と九度山の実力者・松山又兵衛に通達を出していた。村民は気を遣って二人に接していたのだ。『真田三代』の著者・橋場日月《はしばあきら》は、

「殿様育ちの二人が結構、我がまま言ったことも窺え、非常に面白い」

と述べている。とはいえ、土地の貧しさか、使いすぎか、二人はいつでも金がない。流刑地で昌幸と幸村は借金を繰り返し、いつしか信之や家臣の送金では歯が立たない多重債務に陥っていた。この件で、信之は二人から正月早々、何度も金の仕送りをせびられるという憂き目に

あっており、直筆の手紙も現在まで残されている。

かの地で二人の生活は14年も続いた。流刑は解かれぬまま、昌幸は病に斃れ帰らぬ人となった。幸村に至っては、

「私など去年から急に歳をとりました。病弱になり、歯なども抜け、髭は白髪になりました」

「長年の山住まいは不自由で、大変くたびれてしまった私です」

という有り様だったという。

近年は「家康の眼を欺く為に、遊んでいる風に見せていた」という説が信じられているが、こうした逸話からすると大名らしい生活にこだわったせいで困窮し、辛い借金生活を強いられていたのが実像ではないだろうか。

**●便所から消える**

さて、幸村48歳のとき、中央では家康の策謀が豊臣方を驚かせていた。方広寺《ほうこうじ》鐘銘事件である。1614年、豊臣方が京都で大仏供養を行い、繁栄を祈って方広寺の鐘に〝国家安康〟と文字を刻んだ。すると、これに家康が反応する。

「私の名前である〝家〟と〝康〟を離すなど、信じられない。これは徳川家に対する呪いである！」

このいいがかりに豊臣方は大変驚いた。この策は老年を迎えた家康が、自分が生きている間に豊臣方を潰そうと焦ったために生まれたものだ。その思惑通り、豊臣方はこれがきっかけで挙兵することになる。大坂の陣のはじまりだ。豊臣家は全国から浪人を募った。九度山にいた幸村にも、豊臣挙兵の知らせは届けられた。豊臣秀頼からの参陣の要請だ。

その軍資金は黄金200枚、銀30貫目。なんと現在の金額で3億（桑田忠親説）とも、9億（小林計一郎説）ともいうから、いち浪人の幸村にとっては、破格の待遇である。

さて、どのように幸村は九度山から脱出したのか？　諸説には、幸村が坊主と談笑中に、

「便所にいってくる」

と言い残したまま去ったという便所脱出説（この場合、密かに先発させていた家来の後を、便所付近から急いで追いかけて合流したのだという。『仰応貴録《きょうおうきろく》』）があり、また一方では、村人全員を集めて宴会を開き、酒を大盤振る舞いして、彼らが酔いつぶれているうちに出発した、という説などがある。幸村のあまりに大胆なこの手口は川柳の題材となり、後世に残る名句が生まれた。

村中を酔わせて真田ずっと抜け

どこかひょうきんな味わいを持つこの川柳、素直に読めば「酒に酔う」と「鮮やかな幸村の手口に酔う」をかけた一句だ。

だが筆者の考えでは卑猥な句にも読める。「酔わせて」に続く語だが〝真〟は暗に男性器、〝田〟は女性器を仄めかしてはいないだろうか。それを一息に〝ずっと〟、〝抜け〟であるから、性愛の表現としても、かなり大胆なものに読めてくる（そもそも、「脱出」とは、どこか男性の射精感を思わせる行為だ）。

筆者が考える、川柳の裏の意味を、そのまま書くとこうだ。

村中を酔わせて乱交してみたい

あくまでこれは私の説である。しかし、「田遊び」として知られる神事では、田んぼで一組の男女に性交の真似事をさせて豊作を願っていたという事実もある。さらに、祭りや各寺院で、当時の村人が乱交する風習があったことを考えると、幸村を通じてそのような風習や文化を表現したとも考えられないだろうか。

## ●頑固で譲らない

こうして、無事に大坂城へ到着した幸村。その役目は、金を目当てに集まった浪人たちを仕切りながら、戦争経験のない豊臣方の重鎮たちを、出撃論で納得させるという、手間のかかるものだった。

だが、豊臣方は籠城策が最善と考えていたため、次第に幸村は信用を得られなくなっていった。淀君に奇襲を提案すれば、

「みっともない」

と断られ、運良く秀頼が話を聞いてくれるようになると、ほかの諸将に、

「幸村は徳川のスパイ」（兄が徳川に味方していたため）

とやっかみを受けることが多くなっていった。幸村も手紙で、

「なによりここでは、気苦労が多いのです」

と書き残している。とはいえ、大坂冬の陣で、幸村は〝真田丸〟という出城を、自軍のウィーク・ポイントに設置し、そこを攻めてきた徳川軍を一網打尽にしている。一説では、冬の陣による徳川方の被害のうち8割は、幸村の真田丸からの攻撃によって出たものとされている。

真田丸は冬の陣の豊臣方を見事に救い、幸村の武名は轟いた。これにて、大坂の陣前半は豊

臣方の勝利となったが、一転して翌年の1615年の夏、豊臣方は窮地に立たされてしまう。

それは、戦闘中に淀君が次々に叩き込まれる家康の砲撃に恐怖して、豊臣方が家康の和睦に応じてしまったからだ。そのとき大坂城の〝外堀〟だけを埋めるという約束を、家康が駄洒落のように〝総掘〟と勝手に言い換えさせたため、大坂城は丸裸にさせられてしまった。家康のこの悪知恵により、和睦は決裂した。

堀を埋められれば、もう籠城するのも無理である。これに憤った幸村は、もはや野戦による奇襲攻撃を徹底して主張するしかなかった。

大坂夏の陣、後半戦となった。幸村はいよいよ家康夜襲に踏み切っていく。秀頼の開いた軍議のなかで彼はこう発言している。

「今、伏見から茶臼山へ移動している徳川勢は、寝ずに動く強行軍です。さすがに無理が祟って今日あたり休憩を取るでしょう。そこを一撃、葬るのです」

すると、同じくリーダー格の後藤基次《ごとうもとつぐ》が賛同し、現場のボルテージは一挙に上がっていく。

基次は言う。

「その通り。だが、真田殿を夜討ちへ向かわせて万が一のことがあっては、真田殿を慕ってやってきている諸国の浪人どもが落胆してしまう。この役目はぜひ、この基次にお任せください」

覚悟を決めた幸村は同意できない。

「いや、とにかく私がむかいましょう」

というと、基次も覚悟をみせる。

「いや、真田殿は後の合戦こそ大事。ぜひここは拙者が」

「いや私が」

「いや拙者が」

「いや……」

この日、秀頼の開いた軍議で、二人はこのまま争論となり、そうこうしているうちに、この奇襲案は中止になってしまった。配流先の九度山でも生活ぶりを変えなかった、幸村の頑固さは健在といったところである。（『名将言行録』）

**●クジで神がかる**

大坂夏の陣の最中、5月6日のこと。豊臣方は道明寺の戦いで徳川軍に競り負け、窮地に立たされていた。

豊臣方の兵力は、浪人の寄せ集めで構成された5万、対して徳川軍は3倍の15万。

奇襲に長けた幸村の部隊も、伊達政宗の突撃隊を食い止めたまでは良かったが、先がつながらない。幸村らも徳川の包囲網を前に、いよいよ追い詰められていく。八尾・若江方面の部隊は惨敗していた。

そこで秀頼は、使者を通じて、生き残った部隊に撤退するように伝えた。

さて、問題は撤退の方法である。毛利勝永《もうりかつなが》の陣に集った諸将は、クジで撤退する順番を決めることにした。

現代とは逆の考え方である。命がけの局面だからこそ、神聖なクジを使う。戦国の世とてクジは神聖な扱いを受ける。命を捨てるに値するほど尊重されていたのだ。

ところが、ここで幸村がすっと立ち上がると、こういった。

「おい、クジは必要ないだろう。ここは私一人で敵を引き受けるから、その間に皆は撤退されよ」

するとと諸将のプライドが火を噴いた。

「いや、たった今クジで決めるとしたではないか！」

さらに幸村への批判は収まらず、後藤のときと同じく、またしても口論となってしまった。

「クジではなく、ぜひ私に」

「いや、ならば我々のうち誰かだ」

「いや、私こそ」

「いや、ぜひ私に」

スマートなイメージのある幸村だが、前述のエピソードでも紹介したように、実際はこうと決めると頑として譲らない性格だった。『幸村君伝記』や『北川遺書記』などの史料によれば、この口論の後すぐ、それまで黙っていた明石全登《あかしたけのり》が、

「徳川が今にも挟みこんでくるというのに、こんな話に付き合ってられるか！　私が先に撤退するから後は、幸村殿に任せるなり、最初のとおりクジで決めるなりしてくれ！」

と、諸将を一喝して、出て行ってしまったという。

場が静まり返ると、残された幸村と諸将は口論を止めて、神妙に一人ひとりクジを引きはじめた。当時のクジは、現在のようなルーレット感覚とは違う。むしろ神事・儀式としての意味合いが強く、結果は厳粛に受け止められた。室町時代には、クジで将軍職を選んだこともあるほどだ。

さて、クジの結果、当たりを引いたのは幸村だった。

殿《しんがり》の大役を任された幸村は、追撃する徳川軍を苦もなく蹴散らしていく。蹴散らすごとに嘲り、嘲りながら味方を逃がす。

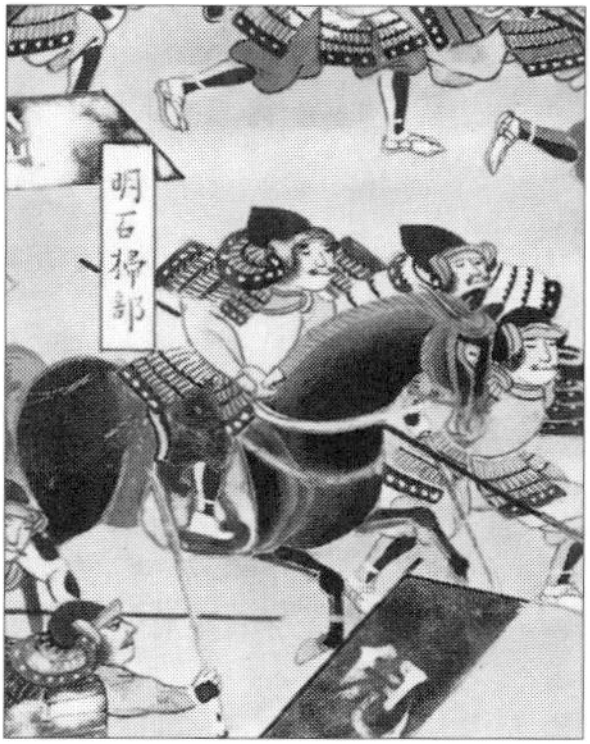

明石全登（左）と毛利勝永（右）。両輪となって幸村最後の突撃を支えた

幸村は見事、部隊の最後尾で、致死率90%ともいわれる殿任務を成功させた。

無事、自らの部隊も引き上げさせた幸村。その途中、怯んだ徳川軍に向かって、

「関東勢は100万もいるが、男が一人もいないな!」

と罵りながら、ゆうゆうと去っていったという。この逸話は『北川覚書』などに記されている。

**●家康を追い詰める**

5月7日、家康が主戦場の天王寺に進出すると、続いて秀忠が岡山に歩を進める。これを豊臣方が迎え撃ち、いよいよ大坂の陣、最後の決戦の幕が切って落とされた。

幸村は、茶臼山の南に明石全登を陣取らせ、家康の本隊を挟み込んで一挙に奇襲する策を立てる。だ

が、本多忠朝隊の連続発砲に挑発された毛利勝永隊が勝手に応戦し、軍の規律が乱れたことから幸村の策は、実行不可能となってしまった。

失望した幸村は家康を前にし、突撃を叫ぶ。自らの部隊を丸く固めさせ、まず正面にいた家康の孫・松平忠直の部隊に幸村が突進する。

忠直の部隊も強靭であり、強行突破など許さない。弾丸となって突撃する幸村３５００の兵は、半分また半分と急激に減っていく。『真田風雲録』で知られる劇作家の福田善之は、

「ですから、こう真田隊がバーッと行くでしょ。向こうも強いから、行くたびに真田隊はギューッと細くなっていくわけですよ」

とその激減の様子を推測している。幸いなことは家康の本陣に近づくにつれて、多くの旗本たちが驚いて逃げたことだ。細川忠興《ほそかわただおき》の手紙によれば、

「戦場から南の平野に約5キロも逃げた者もいる」

という。幸村の部隊は決して退かなかった。弾かれては突入し、退けられては踏みとどまり、ついに三度の激しい激突が家康の陣をこじ開けた。

本陣はパニックとなり、戦国武将の武威と本陣の証である馬印までもが倒される。動転した家康の家臣たちは逃げ惑い、哀れな馬印は無残にも泥だらけとなり、さすがの家康もこのとき

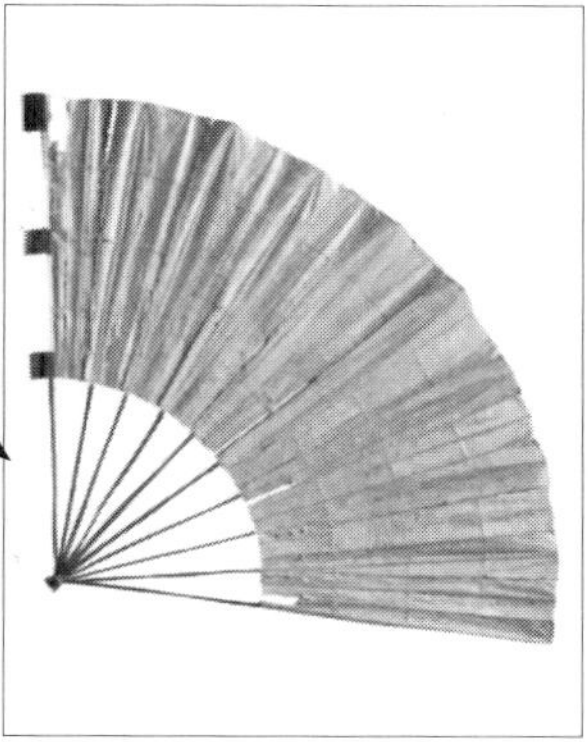

「長篠の戦い」時の家康の本陣に置かれていた馬印（左）と、その実物（右）

は切腹を覚悟したという。

書物により幸村が突撃した回数、家康が切腹を試みた回数に変動はあるが、家康がここまで命の危険に晒されたのは、信玄と戦った三方ヶ原の戦い以来のことであった。

## ●影武者作戦の末の死

さらに徳川軍は混乱する。幸村の本陣突撃に、一目散に逃げ出してしまった家康の側近たち。おかげで部下も家康の位置が分からず、隊列は乱れに乱れた。

ここで幸村は、新たな戦術を世に問うていた。合戦の最前線で、何人もの影武者たちにそれぞれ、

「我こそは幸村なり！」

と叫ばせて突進させていたのだ。

これがすこぶるややこしい。

徳川軍の兵士は、幸村を名乗った者と右で槍を合わせれば、左からも幸村を名乗る者が刀を振りかざし迫ってくる、左かと思えば後ろからも名乗られる。前からも幸村が襲ってくる。

文芸評論家・中野秀人は『真田幸村論』でこう述べている。

「どれが本当の真田幸村だか判らない。ひとつの幸村が斃れれば、別な幸村が現れる。これは一体どうしたことか」

いわば、それだけ幸村の身も危険に晒されていた。本陣までの突撃により激減した真田隊は、もはや精鋭が点在するのみ。数度の突撃で家康を追い込んだ幸村だったが、家康が切腹を思いとどまり、指揮に復帰すると、数で押された幸村が傷を負って敗走していく。

昼過ぎには、真田隊は完全に壊滅していた。今度は、幸村が追われる身だ。彼は急ぎ馬を駆って、本道から少し離れた田んぼのあぜ道に腰を下ろした。そこで幸村は従者に薬を与え、しばし談笑していた。そこに、〝幸村狩り〟を行っていた越前隊の鉄砲頭・西尾久作が彼らを発見。襲い掛かれば、連日の激戦に精根果てた幸村は、満身創痍のまま、この無名兵士に首を刎ねられてしまった。享年49歳。

一説では、対決する間もなく、幸村は近距離から一斉に鉄砲を撃ちかけられ惨殺された、と

いう説もある。その鉄砲頭の西尾だが、喜んで家康に首を持っていくと、

「お前程度のものが、あの幸村を討てるわけがない！」

と一喝され、信じてもらえるまで少し時間がかかったようだ。というのも、家康が行っていた首実検の部屋には、

「我こそは幸村なり！」

と叫んで討ち死にした多数の影武者の首が数列並んでおり、容易に判別がつかなかったからだ。その後、家康に認められた西尾は、幸村の霊を慰安する地蔵を作った。その下には幸村の鎧が大切に埋められている。これ以来、西尾が祈りを欠かすことはなかったと伝えられている。

## ●生存説

ところが、幸村の死後、

「実は生きのびている」

そんな噂を人々は信じた。

大坂の陣で活躍した幸村の噂は、家康を追い詰めた英雄として、庶民に十分伝わっており、当時から幸村生存説は流行っていた。とりわけ有名なのが、京童に歌われていた、

「花のようなる秀頼様を、鬼のようなる真田がつれて、退きものいたよ加護島（鹿児島）へ」という節である。平戸商館長リチャード・コックスは、

「ある者は、鹿児島か沖縄にいると信じています」

と書き残している。また、かつて九度山に流された経験から、幸村が和歌山・三重の山中で生活をはじめ、70歳まで生きたという伝説や、鹿児島県南九州市頴娃《えい》町《ちょう》の郷土史によれば、当地の雪丸部落に「真江田」と名を変えて潜んだ話もある。

もちろん、これらの説は噂や創作の域を出ない。しかし時の権力者・家康をあと一歩のところまで追い詰めたことは事実だ。そのヒーローの生存を願う庶民の思いが、幸村伝説には息づいている。

短気で頑固、武将としての生活が板についていた真田「信繁」は大坂夏の陣で散った。しかしその活躍は「幸村」というヒーローを生み出し、それは今も物語の中で躍動している。

# 上杉謙信

## 〝最強の軍神〟の意外な最期

上杉謙信といえば沈着冷静、そして義を重んじた武将として知られている。川中島の戦いで、白い頭巾を被って名馬を駆り、武田信玄の本陣に斬り込む場面は戦国時代のハイライトと言える。近年では頻繁に大河ドラマに登場し、そこでも義将ぶりを遺憾なく発揮している。

しかし、その実像は依然として謎めいている。その為、「女性説」や「アル中説」などの一風変わった仮説も生まれるのだろう。ドラマや漫画でも、この世の物とは思えないイケメン武将として描かれることもあれば、豪快に酒をかっ食らう豪傑として登場することもある。「越後の龍」と呼ばれた男の一生に迫ってみよう。

### ●ゲームに熱中しすぎる

上杉謙信は1530年、越後の守護代・長尾《ながお》為景《ためかげ》の末っ子として生まれた。幼名は寅年生まれだったことから、虎千代。

父・為景は、生涯100戦以上を戦い抜き、かつて仕えた主を殺すこと2回、下克上を地で行く越後の鬼だった。領土欲の非常に強い男であった。

謙信が生まれた頃の越後は、まだ騒乱の最中だった。為景は息子たちが下克上の世をたくましく生き抜けるよう祈ったが、彼が大切に保護した居多神社は反為景派の武将たちに焼かれるなど国内すら落ち着かない。為景が死去したとき、変事に備えて葬儀の出席者は甲冑で武装していた。式は異様な緊張感に包まれ、そのなかに当時7歳だった謙信も、しっかりと甲冑を着込んで参列していたという。

家督は20も年の離れた長男・晴景のものであり、父とは孫ほどの年齢差がある。そこで、余計な家督相続による家の騒動を避けるため、謙信は14歳まで半ば強制的に寺に預けられることになった。

母親の虎御前は宗教熱が相当高かったようで、幼い謙信は、まず観音様を信じるようきっちり教育されている。曹洞宗林泉寺の僧・天室光育《てんしつこういく》のもとで教養や兵学を身につけるが、幼い謙信はなによりシミュレーション・ゲームを好んだ。

それは2メートル四方もある城のジオラマを用い、城攻めなどが楽しめるという代物。兵のコマを動かしながら、大砲など道具を自由に追加し、多種多様な戦術を展開できる。攻守も思いのまま。さらに、現実ではありえない戦術も実行できる。これが、幼い謙信を大変感動させ、熱中させた。この経験が、後に武田信玄に匹敵する用兵術を身につける素地となったのだろう。

しかし、当時の謙信は、周りが見えないほどゲームにのめり込んでしまったためか、寺から

帰されたとき、

「とてもこの子に坊主は無理です」

と苦情の一言が添えられていたという。

## ●兄の養子となる

家督を継いだ兄・晴景だったが、病弱なこともあり、不安定な領内を治めるだけの器量は持ち合わせていなかった。

1543年、元服し、景虎と名乗った謙信は、15歳で初陣を踏む。居城である栃尾城に「長尾家恐れるに足らず」と考えた豪族が攻め寄せたのだ。謙信は少ない手勢を二手に分け、一方で敵本陣を急襲させるという奇策で勝利を収める。

翌年には、主家にあたる守護上杉家の家臣・黒田秀忠が謀反を起こす。長尾家の本拠地である春日山城に乗り込み、謙信の兄・景康を討ち取り、黒滝城に立て籠もった。景虎は守護・上杉定実《さだざね》から黒田討伐の任を命じられ、見事にこれを打ち破る。秀忠は降伏するも、翌年には再び挙兵する。謙信は再びこれを攻め、今度は攻め滅ぼす。

元服して即座に兵を率い、3戦3勝と早くも抜群の軍才を示す謙信。越後の豪族たちは、凡庸な晴景ではなく、成長著しい謙信を守護代に擁立しようと動き出す。

1548年、謙信の本意ではなかったが、領内は晴景派と謙信派に真っ二つに割れてしまった。謙信には叔父や母方の実家、加えて、後に上杉家を支える俊才を輩出することになる、直江家が付いた。これらの豪族と、晴景方についた豪族たちとの対立が深まる中、この状況を見かねた上杉定実が調停に乗り出す。彼は、

「謙信が一旦晴景の養子となり、その上で長尾家の家督を継ぐ」

という双方の顔を立てた奇策を提示し、事態を丸く収めてしまった。謙信は19歳にして守護代となり、春日山城に入る。２年後に、その定実が後継者を残さずに病死すると、京の将軍・足利義輝は謙信を越後国主として認めた。翌年、これをよしとしない同族の有力者・長尾政景を降伏させると、国内で謙信に楯突く者はいなくなった。

謙信はこの時、弱冠22歳。恐るべき合戦の強さ、そして

謙信が手に入れた巨大な山城・春日山城

スピードで越後一国の統一を成し遂げたのであった。

## ●家出する軍神

1553年「義父」であり、兄でもある晴景が病死し、24歳になった謙信はいよいよ越後の大名として、気がねなく振る舞うようになった。この頃、33歳になる武田信玄が信濃を征服にかかっており、領土を奪われた地元豪族・村上義清らは謙信に助けを求めにくる。必死の嘆願である。越後国内もいつ再び内乱が起こるか怪しい情勢だったが、信玄に川中島を取られ、北信濃の権益を握られては隣国の謙信も他人事ではない。

嘆願から2ヵ月後の迅速な出撃だった。はじめ、謙信の快進撃は続いたが、信玄も粘り強く盛り返す。1564年までの12年間で、5回も対陣することになったと言われる川中島の戦いの端緒であった。

宿敵・信玄との戦いが幕を開けた3年後、謙信は突如として「家出」する。

「国主はもういい。出家がしたい。寺の坊主になる」

こう、育ての親・天室光育に相談を持ちかけたのだ。

その頃、国内では紛争が起こり、家臣団の中にも不満を漏らす者が出るなど、謙信は領国経営について悩んでいた。この場合、揉め事に正面から向き合い、解決に尽力するのが常道だが、謙信はあろうことか出家という選択肢を選んだのである。

同年6月28日、突如彼は、春日山城から馬を駆り、出て行った。越後を脱出し、和歌山にある高野山まで走りに走る。しかし、不慮の事態に家臣が驚き、数人が急ぎ馬を走らせ、なんとか追いついた。

その縋りつき方は必死なもので、懇願した結果、謙信は出家を思いとどまり帰宅したという。

天室光育に宛てた手紙には、こんな主旨のことが書いてあった。

「各々の考えがまちまちで、私は見放されてしまいました。この状況で職務を続けることは困難なので、進退を決める以外に道はありません」

もはや、何もかも嫌になったという謙信の心情が伝わってくる。

一方で、違う見方もあり、手紙に、

「私が出家することを、各人にも言い聞かせて欲しい」

という一節があることから、現在では出家騒動を起こすことで、家臣を一致団結させる「ショック療法」を謙信が敢えて行ったのだ、とする説が強い。故意にしろ、突発的な行動だったにしろ、軍神とまで崇められた男が、逃走とはどうにも格好がつかない。

## ●川中島の戦い

謙信に合戦をさせれば、まず負けない。後世「軍神」と呼ばれた彼の生涯戦歴は43勝2敗。一方「戦とは謀略である」と孫子の兵法を地でいった信玄も49勝3敗と双璧である。二人は軍事力だけなら天下を制覇できる最強軍団の主として、京の人々の話題になるほど、当時から人気があった。

その両雄が、北信濃善光寺平という局所を巡って十数年もの間、争っている。

信玄は、野戦で無敵の強さを誇る謙信と正面から戦うことを避け、

「深追いせず追い払うが良し」

として、度々持久戦に持ち込んだ。

両者は川中島界隈で毎度向き合っては、石を投げるなど小競り合いをし、長時間睨みあっては帰途につく。武田軍には強力な石礫《いしつぶて》専門部隊がいたが、謙信を懲らしめるほどではなかった。

謙信の存在が忌々しい信玄は、彼が上杉姓を名乗っても、

「あの長尾が、長尾が」

と、家格として一段劣る旧姓で呼ぶことを好んだという。

信玄としては、謙信の意図をつかみあぐねていた。彼の目的は、村上氏らの領土を取り戻す

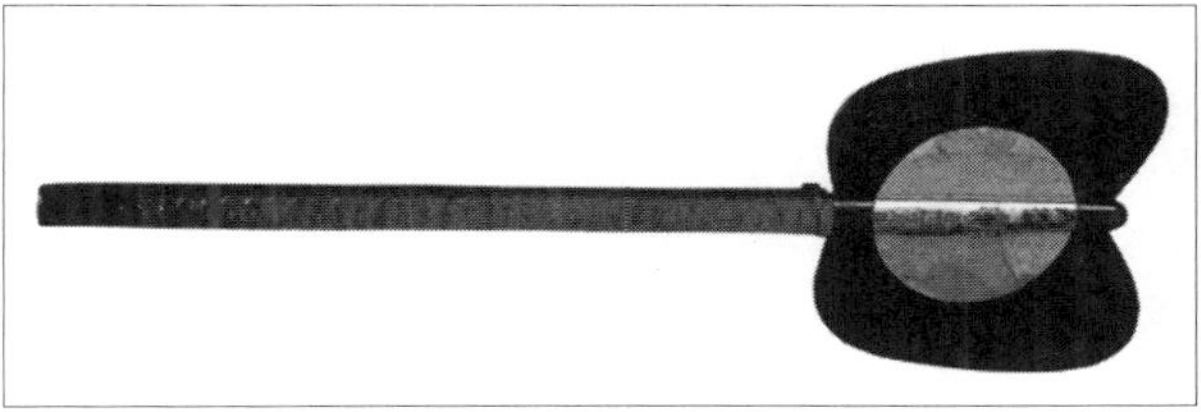

謙信愛用と伝わる軍扇。これを振りかざして軍を手足のように操ったのだろう

ことだったが、謙信自身は、

「信濃の領土はいらない」

と領土欲をみせず、本当に村上氏らに返すだけなのだ。

作家の海音寺潮五郎は、

「信玄は謙信のように、自らの欲を離れて道義だけで戦争するなど、考えることもできなかった。信玄は謙信のやり方を見て、『子供じみたやつだ』と軽蔑しながらも、気味悪さもあったにちがいありません」

と評している。

正面衝突を避けてきた両軍が、ついに血で血を洗う大激戦を展開することになったのが、4回目に対峙した1561年の戦いだ。

1万3000の精兵を率いる謙信が、武田方の海津城を望む妻女山に陣取ると、遅れて信玄は、2万人の大軍で海津城に入城する。

この時、謙信は素早く海津城を攻めることができたが、わざわざ山に登って、信玄が川中島に到着するのを待っていたのだった。目先の勝利より、信玄と野戦で決着をつけることを優先したかのよう

川中島で実現したとされる信玄・謙信の一騎打ち

な動きだ。このことは後世、「謙信は、合戦をゲームのように楽しんでいたのではないか」と識者に評される根拠となっている。
他にも謙信の用兵には、彼にしかない特徴がある。近代軍術の規範とも目される信玄は軍隊をひとつのシステムと考え、これをよく制御し、突撃のダイナミズムを生むことに成功した。正しく押さえられたバネは強く飛び上がるものだ。信玄は戦術を諸将に検討させ、意見を聞くこともあった。
ところが謙信は、数日は毘沙門堂のなかに引き籠もり、誰にも相談せずに一人で決める。戦術がきまれば、家来にずばり言い渡す。部隊の演習はしない。指示は自ら馬で縦横無尽に駆けまわりながら出す。従わない者は即刻斬る。謙信が駆けた後は、モーセの海割りの如く、両端に軍が分かれるが、そこで軍団の家臣と家来が離れ離れになってしまうこともあったらしい。家来が戻ろうとすると、「軍令を乱す者」として、これも斬ったというのだ。

この神がかりとも言える謙信の合戦スタイルは、ツボにはまると、それこそ無類の強さを発揮する。

謙信に率いられた精兵たちは、敵の副将格である信玄の弟・信繁や山本勘助ら、幹部を次々に血祭りにあげていく。武田軍別働隊が戻ったことにより、謙信は兵を引いたが、この戦で彼は、名だたる名将を何人もあの世に送り、武田家に決して癒えぬ傷を与えた。

## ●アル中の軍神

謙信は無類の酒好きだった。家臣で功績をあげた者には、「御前酒」と称して自ら酒を振る舞った。何杯という制限はなく、受ける者は謙信の意のまま、注がれるままに何杯も飲み尽くさなければならなかった。

コミュニケーションが上手ではなかった謙信は、大勢の酒の席では、なぜかひとり外れて軒先に行き、梅干片手に夜空の晩酌を楽しむこともあった。馬に乗りながら酒が飲みたかったので、大量に酒が飲める「馬上杯」というドンブリ盃をわざわざ特注で作らせたこともある。

謙信が大量飲酒を目的に作らせた「馬上杯」

美少年を侍らせたどんちゃん騒ぎで関白を困らせたこともあった。

上洛の折、将軍・足利義輝と室町邸で飲んだときの出来事だ。さらに関白の近衛《このえ》前嗣《さきつぐ》の家に将軍と二人で押しかけては、迷惑をかける。二日酔いになった前嗣は、後に手紙で、

「将軍と謙信は、華奢で素敵な若衆をたくさん集めては大酒を飲み、何度も夜を明かした。特に謙信は、美少年が好きだ、と承りました」

と大人の態度を見せているが、本心では迷惑していたことだろう。

こうした逸話からは、軽度か重度かは別にして、謙信がアルコール依存症に陥っていたことが推測できる。あるとき、戦勝祈願のため諏訪神社に参拝し、禁酒を断行すると、夜に幻覚が彼を襲いはじめ、一同を不安にさせたこともあった。

諸大名との度重なる激戦、安定しない国内情勢……「軍神」と言えどもストレスは溜まる。

**●弾が当たらない**

出家騒動に見られるように、謙信の宗教心は、人一倍強かった。信玄との戦いを経て、それは年を重ねるごとに広く、そして深まっていくかのようだった。謙信は仏教の武神である毘沙門天に強く惚れこんでいた。その一体感は、

「私が毘沙門天の生まれ変わりだ」

と彼に発言させるほどになっていた。そんな一途な謙信を、家臣たちが応援していたかといえば、前述のとおり、そうでもない。あるとき、一揆が起こったため、すぐにでも鎮めなければならなかった。謙信は毘沙門堂で祈る時間がなかったため、

「私に祈れ」

というと重臣たちに、

「そのような前例はございません」

と反対されてしまう。このとき謙信は、

「私がいるから毘沙門天がいる。毘沙門天がい

上杉軍の大馬印であった毘沙門天の旗

るから私がいる」

と自ら神を名乗ったため、圧倒された重臣たちはこれを認めた。神がかった謙信は恐れられた。銃撃しても弾が当たらなかったというのだ。

『名将言行録』、『松隣夜話』などによれば、1560年の北条氏康との戦いで、謙信は敵軍3万が攻め囲むなか、たった23騎で敵中突破、驚いた北条軍はまったく手出しができなかった。

翌年の小田原城攻めでは、北条軍が粘り強く籠城。謙信はおびき出すため小田原城の眼前まで近づき、やおら座り込むと弁当を食べはじめている。城兵はたまらず銃撃し10挺3連射を浴びせるが、かすりもしなかったらしい。

戦上手の謙信も攻略できなかった小田原城

命拾いも一風変わっている。『北越軍談』によれば、奇襲を受けた際、謙信は床下に隠れて敵の様子を窺い続けた。敵が去った頃には、謙信は熟睡してしまっていたという。

## ●便所にて死す

領土を欲しない「義の戦い」を続けた謙信だったが、そんな彼にもチャンスが訪れる。

1577年、謙信48歳のとき一通の手紙が舞い込んだ。前将軍・足利義昭からだった。

「信長が合戦で忙しい。今こそ京都を奪還できる。すぐに来て欲しい」

謙信は動いた。だが、京都ではなく織田軍総勢4万8000が進軍する加賀にである。このとき、謙信の兵は2万。七尾城を陥落させると、浮き足立った織田軍は一気に追い詰められた。総大将の柴田勝家は夜に退却を決意したが、不思議なことに川が氾濫していた。その流れに息絶えた者数知れず。この「手取川の戦い」と呼ばれた戦闘で、謙信は見事、信長の軍に大勝したのだった。このとき、謙信は、

「覚悟して信長と戦ったが、案外弱い。この分なら、天下を統一することは簡単だ」

と夢のような大胆さを見せている。

いったん、春日山城に帰還した謙信は、翌年再び大遠征の号令を発する。この大動員で、謙信は関東を平らげ、後に信長をも滅ぼす心積もりだったと言われている。

しかし、天下統一へ向けた遠征を控えたある朝、謙信は便所に入ったきり出てこない。家臣が様子を窺うと脳溢血で死んでいた。

享年49。

軍神らしかぬ死に様、まるで家出の頃のように彼の去り際は唐突だった。

生前、謙信はこんなことを言っていた。

「人生は美味い酒。私の生涯は一睡の夢に過ぎなかった」

謙信自身、まさかその夢が、便所で消えるとはゆめゆめ思わなかっただろうが……。

オトコには甘い甲斐の虎

# 武田信玄

武田信玄といえば「風林火山」の旗印。古の兵法書『孫子』に記された四文字を、信玄は徹底して実践した。こんな名言もある。

人は城　人は石垣　人は堀　情けは味方　仇は敵なり

人材の重要性を説いたとされる一句は、あまりにも有名だ。また、戦国最強の騎馬軍団を操り、優秀な家臣団を引き連れた信玄は「甲斐の虎」と恐れられた。

しかし、武田信玄の本当の恐ろしさは、その人心掌握術や戦の強さだけにあったのではない。さっそく、この名将の秘密を解剖していこう。

## ●文芸オタクで家臣に叱られる

武田信玄（晴信）は1521年、甲斐国の守護・武田信虎の嫡子として生を受ける。戦国時代に名を上げる猛者達は家系が判然としなかったり、どこの生まれかもはっきりしない者も多いが、信玄は筋金入りの名家出身である。武田家は、第56代・清和天皇の流れをくむ清和源氏の家系であり、始祖は源頼朝の父・義家だ。

信玄は、平安時代後期の武将・源義光が甲斐（現・山梨県）を任されてから、500年続く家系の、第19代目当主にあたる。源氏としては将軍家の足利家よりも本流にあると言える。信

信玄にすべてを捧げた教育係、板垣信方（左）と、幼い頃の信玄（右）

玄には「武士」の創始者の血が流れているのだ。

勇猛なイメージがある信玄だが、実は教養人でもあった。彼は生涯に亘って、詩や和歌をこよなく愛した。特に絵画作品のコレクションが傑出しており、東京国立博物館にある『猿図』は孤独に座り込んだ猿の、心のゆらぎを感じさせる絵画である。また、信玄が詠んだ、

「ほととぎす 今ひと声を尋ねきて 我さへやどる 森のしたかげ」

などの和歌からは、少女の心情を思わせる微細な感性が感じられる。信玄の詩は、『詠百首和歌』にその多くが収められているが、戦国武将の作とは思えない繊細さに満ちている。

信玄は文学に興じるあまり、合戦も政治も避けるほどに熱中しきっていた時期があった。昼なのに戸

を閉め切って、ロウソクをともし、美少年や若い女房をはべらせ、連日連夜の酒宴を開き、起床するのは正午すぎ。たまの外出では詩の発表会に行くだけという、家臣にとっては、はなはだ迷惑な有様だった。

評論家の山本七平は、この様子を「文学狂い」と評している。

信玄のあまりの乱れぶりに、家中には「武田家もこの代で滅亡か」との噂が飛び交った。この21歳の当主の体たらくに、傅役《もりやく》（教育係）の板垣信方は憤った。板垣は武骨な人物で知られ、詩には縁がなかったが、信玄に説教をするためあえて一ヵ月間、詩の修練を積んだ。

そして信玄と詩でやり合う。信玄の出したお題に、信方が絶妙な詩を詠む。

「信方ごときに、詩などできようはずがない」

と笑っていた信玄は大変驚いた。

「いつから詩をやるようになったのだ？」

信方に聞くと、彼は少しサバを読んでこういった。

「近頃、〝20日間〟だけやりました」

それを聞き、長年の詩作キャリアを誇る信玄はうろたえた。ここで信方は一喝。

「もう、詩作は止めてくだされ！　父親である信虎公を追放した挙句、好き勝手をする！　お屋形様は、父親よりも１００倍悪い、悪大将です！」

信玄は返す言葉もなく、泣いてしまった。後に信方に「行儀を改めます」と誓ったが、その後も、雨の影響で２ヵ月戦場に出られなかった際、今川家から贈られた『伊勢物語』を読み耽るなど、文学に関する興味は生涯尽きなかったといわれる。

### ●父親にクーデターを仕掛ける

１５４１年６月、飢饉など甲斐国内の情勢を顧みず合戦をくりかえす父・信虎を、信玄は駿河に追放する。信玄の独断ではなく、重臣・板垣信方、甘利虎泰など譜代の家臣たちとの共謀である。追放の理由は諸説あるが、信虎の人格に大きな問題があったようだ。

史料には信虎の残虐ぶりが伝わっており、その所業は暴君と呼ぶに相応しい。妊婦の腹を刀で破り、胎児の育ち具合を観察した、無実の家臣を怒りにまかせて斬り捨てる、田畑で働いている者を呼んだかと思えば、鉄砲で撃ち殺す、などなど。

『塩山《えんざん》向嶽《こうがく》禅庵《ぜんあん》小年代記《しょうねんだいき》』には、「信虎悪逆無道なり」と記され、『甲陽軍鑑』では「信虎公は狂気人」と評されている。信虎の悪政は、甲斐の人々ならず牛馬・畜類までをも悩ましたという。

これらの行為のすべてが事実かどうかは、研究者の間でも意見が分かれるところだが、少なくとも領民が政権交代を歓迎したのは事実だ。『百姓から見た戦国大名』の著者・黒田基樹によれば、「世直しを求める世論を、信玄らが〝代替わり〟という形で行った」と見る。

ちょうど、100年に一度の飢饉が甲斐国内を襲っていた。飢饉の上に、度重なる合戦。過酷な軍役と重税により、士気の低下もいちじるしい。合戦の結果も芳しくなく、百姓と、その上に立つ国人衆が信虎の政治に大きな不満を抱き、それが信玄を動かしたのだ。

暴君として語られることが多い武田信虎

信玄自身も、父親には辛く当たられてばかりだった。信虎は次男の信繁を溺愛しており、新年恒例の一番盃も、信玄に取らせなかった。これは後継者として認めていないことを意味する。致死率の高い殿部隊に飛び込んだ信玄の武勲にもケチをつけ、信玄は20歳になっても一向に家督を継がせてもらえなかった。

一説には信虎による信玄の廃嫡、つまり家督相続権のはく奪の危険も迫っていたという。クーデターは、様々な要因が重なった結果だが、このときの信玄が領国の人々に劣らず、穏やかならざる心境だったのは間違いない。

追放された信虎だったが、名家出身で守護職まで務めた人物である。食客先にはまったく困らず、京や駿河で何不自由ない生活を送り、最期は信玄よりも長生きしてしまった。

信玄を支えた二十四将を描いた絵画

## ●愛人に呪いをかける

若い頃の信玄は数々の浮名を流していたことが、直筆の書状が見つかったことで判明している。浮名といっても、男色の方である。戦国武将のご多分に洩れず、信玄も美少年をこよなく愛したのだ。

信玄の恋愛は、しばしば三角関係に陥った。彼は源助という奥近習《おくきんじゅう》を愛しており、夜な夜な夜伽の相手をさせ、愛を育んでいた。ところが信玄は、美少年・弥七郎の魅力に惹かれ、手を出してしまう。恋人の浮気に怒った源助は出仕を拒否、閉じこもってしまう。

信玄は慌てて弁解の手紙を書く。

「弥七郎とは寝ていない。なんども誘ってみたが、いつも腹痛と言われて断られた。昼夜とも寝ていないし、とくに今夜は思ってもみないことだ。お前の機嫌を取ろうとすると、かえって疑われるため、困っている」

何としても源助の気持ちを繋ぎ留めたい信玄は、さらに続ける。

「もし私が嘘を言えば、一の宮、二の宮、三の宮の大明神、富士、白山ら領内の神々、ことに八幡大菩薩、諏訪上下明神の罰を受けるだろう。本当なら正式な起請文に書くべきであるが、役人の目がうるさいので、白紙に書いた。明日にでも書きなおす予定だ」

領内の神々の名を片っ端から挙げて、嘘偽りがないことを誓っている。

この後、二人の仲がどうなったかは定かではないが、後に源助は卓越した軍才を身につけ、高坂虎綱という名で「武田四名臣」の一人として知られることになる。

信玄の死後には、愛人の証言も残された。信玄と関係があった教雅《のりまさ》の証言によれば、美少年の彦五郎が床上手であったため、あるとき信玄は、教雅よりも彦五郎にのめり込んでしまう。

彦五郎は、ここぞとばかりに教雅と縁を切らせるため、信玄にあることないこと、さまざまな悪口を吹き込んだ。

信玄に邪険にされた教雅は、信玄のもとを突然去ってしまう。意外な展開に、信玄の心情は穏やかならず、去った教雅に対して「調伏」という手段をとった。調伏とは、敵や魔物をまじないによって呪い殺すことだ。教雅はこれに対し、

「信玄は65歳まで本来生きることができた。しかし、道半ばにして死んだのは、私にかけた呪いが跳ね返って、信玄を襲ったからだ。彼はおかげで、13年も寿命を縮めた。哀れである」

と発言したという。信玄は、縁起を重んじる古いタイプの武将であり、信長や家康に比べても占いやクジに凝り、迷信を信じていた。事実、信玄は1558年に発生した仇討ち事件の判決を、神の真意を伺う鉄火で行い、真っ赤に焼けた鉄を握らせて、火傷をした方が罪人とし、処刑している。後世、呪いの話が伝わるのも、そのような背景があったせいかもしれない。

## ●川中島合戦の真実

父を追放し、家中を束ねた信玄は所領を拡大すべく信濃へと侵攻する。手始めに1542年、諏訪領に攻め込み、諏訪頼重を自害に追い込み制圧。さらに翌年に信濃国長窪城主の大井貞隆

を葬り、1545年には上伊那郡の高遠城に加え福与城も手中に収めた。

その前年には甲斐武田家の背後の大勢力・関東の北条氏と、東海道の覇権を握る今川義元と「甲駿相三国同盟」を結び、後顧の憂いを絶っている。

三国同盟を背景に信濃に本格侵攻した信玄。志賀城攻めや、小田井原の戦いなど連戦連勝だったが、信濃北部に勢力を誇る村上義清相手に苦戦を強いられた。1548年の上田原の戦いでは宿老・板垣信方を失い、1550年の砥石城攻めでも「砥石崩れ《といしくずれ》」と呼ばれる大敗を喫する。

翌年、知将・真田幸隆（幸村の祖父）の策略で砥石城を攻略したことで、ようやく村上義清の勢力は弱まっていく。1553年、義清が信濃を放棄し北へ逃れたことにより、信玄は北信を除き広大な信濃をほぼ掌握した。

ところが、義清ら北信豪族たちが助けを求めた先には越後の上杉謙信がいた。謙信は彼らの要請に従い信濃に出兵、ここに、北信・善光寺平の主導権を巡る五次に亘る「川中島の戦い」が繰り広げられることになる。

1553年から58年にかけて行われた一次〜三次の合戦は、持久戦や小競り合いで、大きな衝突には至らなかったが、四度目は両軍合わせて3万5000人に達する大軍が八幡原で対峙した。

北信からの武田勢力一掃を目指す謙信は、１万３０００の兵を率いて、善光寺平南部の妻女《さいじょ》山《さん》に陣取る。妻女山は謙信が狙う海津城に向いており、この動きを受けて信玄は、２万人の大軍で善光寺平西方の茶臼山に駐屯、のち海津城に入城する。

両軍の睨み合いが続く中、信玄は軍師・山本勘助に上杉軍撃滅の作戦立案を命じる。勘助は軍を二つに分け、一方を妻女山の背後に回らせ、さらに一方で山を下ってくる上杉軍を迎え撃つ挟撃策を献策。啄木鳥《きつつき》が虫を取る際の動きに似た、この戦術は「啄木鳥の戦法」として名高い。

二度に亘り信玄を敗退させた宿敵・村上義清

深夜、今では一人前の武将となった、源助こと高坂虎綱率いる別働隊１万２０００が妻女山に向かう。信玄率いる本隊８０００は八幡原に鶴翼の陣（迎撃の陣）で布陣した。しかし、謙信は海津城からの炊煙がいつになく多いことから、この動きを察知してしまう。謙信は一切物音をたてず、夜陰に乗じて密かに妻女山を下った。

朝、川中島を包む深い霧が晴れた時、別働隊と戦っているはずの上杉軍が眼前に布陣してい

川中島で命を落とした軍師・山本勘助（左）と信玄の弟・武田信繁

るのを見て、武田軍本隊は愕然とした。謙信は車懸りの陣（攻撃の陣）で武田軍を急襲する。

武田軍は完全に裏をかかれ、信玄の弟の信繁や山本勘助が戦死し、多大な損害を出した。この乱戦の最中、謙信は自ら馬を駆り、名刀を振り上げ武田軍本陣に突入。信玄は軍配でこれを防いだという。

その後、もぬけの殻の妻女山に攻め込んだ高坂虎綱が必死で駆け下り、本来の挟撃体制が機能、戦況は武田側に傾いた。やがて損害が増えるのを嫌った謙信が兵を引くと、信玄は勝鬨をあげさせた。

……というのがよく知られている川中島の戦いの顛末だが、そもそも山本勘助という軍師は実在しなかったり（菅助という武将は実在する）、謙信がとったとされる「車懸りの陣」は実現不可能であったり、二人の一騎打ちは創作であったりと、イメージと実

上杉軍の猛攻を受け、あえなく敗走する武田軍の様子

像には相当な開きがある。「啄木鳥の戦法」についても、謙信は戦術を見破ったのではなく、もともと下山する予定であり、平地での遭遇は両軍ともに仰天していた、など現代でも解釈が分かれるところだ。

ただ一つ事実なのは信玄と謙信という、戦国時代を代表する二人の名将が、善光寺平という局所で10年にわたり戦力を浪費していたということだ。

## ●信長と手紙で罵り合う

一方、中央では、1560年の桶狭間の戦いで、今川義元を討ち取った織田信長が急激に勢力拡大を推し進めていた。だが、信長は信玄の存在を気にしていた。美濃をはじめ隣国を攻略し、いざ京で名乗りをあげようとも、もし背後の信玄が大軍で上洛してきたら脅威だ。

そのため、信長は信玄に大変気を遣っていた。自らの養女を信玄の息子・勝頼に嫁がせ、さらに年7回も使者を送り、高価な品物を貢ぎ続けた。贈り物は、信玄が気に入るように、武田家の家紋を大きく蒔絵《まきえ》にした箱に入れられた。短気で知られた信長が、2ヵ月に一度は、大変高価な品物を貢いでくる。武田の家臣は却って不信感に襲われたが、そこは貴重品の目利きにも優れる信玄、贈り物の質の良さから、信長の気遣いを汲んでいたという。

いっぽう、信玄もまた信長に大変気を遣っていた。『古今消息集』では「信長に見放されたら滅亡してしまう」と述べているほどだ。

この頃、甲斐は上杉・今川・北条と強力な三国に囲まれ、彼らとの同盟も形骸化しつつあった。信玄にとっては身動きが取れない時期だ。さらに信長の動向も気になる。信長が養女や贈り物を貢いだのはそんな時期だった。

『武田信玄と勝頼』の著者・鴨川達夫によれば「信玄の戦略は、信長に大きく依存していた」という。信長に謙信との和睦の仲介を頼むなど、世話になっているためだ。

だが、信長に軽んじられることは避けたいためか、信長が年7回も使者をよこしたのに対し、信玄は年に1回ほどしか使者をよこさず、威厳を見せつけている。

双方、強大な相手と凄みを見せながらも、実情は、お互いに泣き所を持っている。そんな緊迫した二人だったが、１５７２年、いよいよ信玄が上洛するため軍を進め、三方ヶ原で家康を撃破すると、凄まじい罵り合いがはじまった。双方、足利将軍義昭の側近・上野秀政に宛てた手紙でお互いをこれでもかと罵倒している。

「信長は、比叡山を焼き、仏の物を盗み、栄華を楽しんでいる。周りのものは嫌がっている。許しもなく勝手に高官になり、大した身分でもないのに、由緒ある公家に偉そうに命令し、伝統を愚弄する無礼だ。様々な場所で勝手に税金を取り、財宝まで盗む。それに、人を殺しすぎる。また、神社仏閣を焼き払うなど法は破滅し、天魔変化の仕業である」

信長が対抗する。

「信玄は、父親を追放した。信虎は80歳になるのに、あっちこっちに放浪して飢えて死んでしまいそうだ。おまけに息子を毒殺し、親戚も殺し、一緒に戦ってきた家臣をも焼き殺す。大悪行とはこのことだ。そもそも出家して坊主になっているのに、あの生臭さはなにごとか。人の国を攻め、民衆を泣かせ、まさに破戒の所業。比叡山の坊主は信玄のように腐っていたので、燃やしたまでだ。だが、これは私がやったのではない。というのも、天道による裁きだから自業自得なのだ」

などなど。いざ有事となれば、大義名分を得た者が勝つ。口汚く論争し合うのも、戦国大名の立派な戦術なのだ。

**●人身売買で儲ける**

信越圏では絶大な人気を誇る信玄だが、長野県佐久市ではあまり人気がないという。この地で彼は、凄惨な見せしめと、人身売買を行っていたからだ。

1547年、信濃を支配するため、信玄は佐久を狙っていた。各地の有力者に圧力をかけ、次々に降伏させるが志賀城の笠原清繁は、徹底抗戦の構えをみせる。背後には、上杉が糸を引いていた。

清繁は家族を含めて500人で籠城し、信玄は7000の兵で侵略。上杉の援軍を撃破した武田軍は、圧倒的な兵力の差で、志賀城を攻略した。討ち取った首の数、およそ300。どれも無念と憤怒の顔をしていたという。信玄は取ったばかりの生首を、志賀城に運び込ませるよう指示すると、城のまわりに次々と陳列しはじめた。300の仲間の生首を見た残党は士気を失った。城中にはまだ、女性や子どもがいる。

『妙法寺記』によれば、信玄はそれら生きながらえた者どもを、後日、甲州に連行し身分の低い者は2貫、高い者は10貫で売り飛ばした。彼らは、遊郭や金鉱で働くことになったという。

『戦国武将からの手紙』の著者・吉本健二によれば、

「これは特別な事態ではなく、武田信玄の基本方針といってよい。治世と戦争の現実から導き出された結論だった。信玄が定めた『甲州法度之次第』を見てもわかるように、金銭に対して現実的だった彼の性格が滲み出ている」

とある。また、戦国時代の東日本一帯には、人身売買の習慣が残っており、こうした信玄のような事例は珍しいことではなかった。少なくとも1587年、胸を痛めた秀吉が『人身売買停止令』を出すまでは、公然の事実であった。

### ●埋蔵金がみつからない

信玄には父・信虎の時代から続いた金山の開発で得た、莫大な隠し財産があったといわれる。徳川の埋蔵金は現代でも有名だが、信長は安土城内を黄金で装飾し、秀吉は金の茶室を作った。各地の金山から大量に金貨が製造された時代が戦国だ。武田家の場合、〝甲州金〟と呼ばれた。銀行などなかった時代、信玄は大量に金を保有し、埋蔵金として蓄財したのだ。一説には、信玄の住む躑躅《つつじ》ケ崎《がさき》の館付近、または諏訪湖に沈められたといわれ、現代の金額に換算して数百億という埋蔵金は、いまだ3分の2が発見されていない。

「人は城、人は石垣、人は堀」として知られる信玄の名言は「城など築かない。人こそが宝だからだ」という意味だが、彼の躑躅ヶ崎の館は、館といえど難攻不落、城顔負けの頑丈な設備で守られていた。ところが、一度人々に荒らされてしまったことがある。

1970年3月のこと、日本城郭研究会と名乗ったグループが、

「館跡に埋蔵金がある」

と、老夫婦らを誘い、信玄の館跡に無断で大穴を掘ってしまったというのだ。老夫婦はなけなしの財産をすべて注ぎ込み、一同は温泉宿で芸者を呼ぶなど、毎晩のどんちゃん騒ぎを繰り返す。地元の人々も埋蔵金を信じていたため、彼らに埋蔵金を掘らせて良いものか、と抗議の声があがった。信玄の館跡は時を越え、次第に荒らされていく。だが、いくら土を掘っても埋蔵金は出土せず、やがて詐欺の疑いがかかった関係者を、この老夫婦は毒殺したうえ、青酸カリで心中をとげてしまった。信玄の金鉱には、不思議な言い伝えもあり、歴史家の上野晴朗は、

「黒川山には、坑夫の慰安婦をおいた『おいらんごうろ』があり、さらにそのおいらんが大量に斬り殺されたという、悲劇のおいらん淵もある」

と、記している。

これは、武田氏滅亡の折、信玄の子・勝頼が隠し金山とも言われた黒川山の秘密が漏れるこ

とを危惧して、55人いた遊女を柳沢川の上に吊った宴台の上で舞わせ、舞っている間に藤蔓を切って宴台もろとも遊女たちを淵に沈めた――という伝説のことだ。

信玄の埋蔵金の真相は不明だが、70年の事件の翌年、勝沼町のブドウ園から、信玄の家臣・勝沼氏の隠し財産が発見された。

もし信玄が直接管理した莫大な埋蔵金があるならば、逃亡した恋人を呪い殺そうとし、迷信や占いに凝った彼のことだ、埋蔵金のある場所には、相当な呪術的な工夫が施され侵入者を待ち受けていることだろう。

## ●信玄の最期

1572年、将軍・足利義昭に「信長包囲網」へ加わるよう、要請を受けた信玄は2万5000の大軍を率いて上洛を開始する。

その目的は『甲陽軍鑑』によると、

「生きている間に天下を取り、京に旗を立て、仏法・王法・神道さらには武士たちの作法を定めて、正しい政治を執り行う」

ことであったという。信玄の精強な軍は、徳川家康の挑戦を退け、諸城を落とし快進撃を展開する。しかし翌年、信玄の持病（肺結核・胃癌とも言われる）が悪化すると、進撃が止まってしまう。無念の信玄は武田家を案じて、

「3年間は死を隠せ」

と、遺言をして世を去った。信玄は死を悟られぬよう、後の日付の手紙を書き残したり、影武者を用意するなどの手を打ったとされる。だが、破竹の進撃を続けていた武田軍が、突然侵攻を取り止めることの不自然さは隠しようがなく、秘匿は長く続かなかった。

跡を継いだ勝頼は奮闘するが、信長との長篠の戦いで破れ、武田家は滅亡の道をたどっていく。信玄の死後、3年たって行われた葬儀では、遺体が再確認された。甕に入れられたその姿は、脈を打っているかのようで、肌が紅潮していたと伝えられる。

# 毛利元就

次々に折れる三本の矢

毛利元就といえば、策謀の人。弱小豪族だった毛利家を中国地方一の大大名に押し上げた人として名高い。元就は暗殺、買収、偽情報など、ありとあらゆる計略を用いて、敵国を弱体化させることを得意とした。そのためか「冷酷な知将」とも言うべきイメージが一般に広まっている。しかし、その実像はどのような人物だったのだろうか。

さらに外せないのが「三本の矢」。黒澤明監督の大作映画『乱』でも引用されたこの逸話は、あまりにも有名だ。一本では容易に折れる矢も、三本束ねれば決して折れない。元就は三人の子を相手に、それぞれを矢に見立てて団結の必要性を説いたとされる。このエピソードの真相にも迫ってみたい。

## ●ヤケ酒の家系

元就は1497年、安芸国（現・広島県）に毛利弘元の次男として生まれた。毛利家の史書『陰徳太平記』には、ある日弘元の妻・福原氏の下半身を強烈な日光が照らし、元就を懐胎したという伝説の記述がある。

この前年には、応仁の乱の原因をつくった日野富子が死去し、4年前には「ここから戦国時代がはじまった」と言われる明応の政変で細川政元が足利将軍・義材《よしき》の留守を狙いクーデターを起こしている。

当時の毛利家は大名ではなく、地元の農地を管理する小豪族に過ぎず、細川家と大内家との板ばさみに苦しんでいた。弘元は元就の兄・興元《おきもと》に家督を譲り、多治比猿掛城《たじひさるかけじょう》に隠居することで毛利家の混乱を避けようとするが、1506年に心労と酒毒で死去する。元就は父の隠居に付き添っていたが、父の死後、家臣の井上元盛に城を乗っ取られ、養母のもとに身を寄せた。

一方、家督を継いだ興元は、父と同じ苦しみを味わっていた。後々元就とも戦うことになる尼子家が台頭、大内家と中国地方の覇権を巡って安芸国で争い始めたのだ。二大勢力の間で揺れる興元も酒に走り、1516年、25歳の若さで急死する。

ちなみに元就の祖父・豊元も酒がもとで若くして没しており、元就はこの「ヤケ酒の家系」の轍を踏むまいと酒を遠ざけていたとされる。

興元の跡目は嫡男・幸松丸《こうしょうまる》が継いだが、彼も7年後に病死してしまい、ついに元就にお鉢が回ってくることとなった。

## ●虚仮脅しで敵を撃退

はじめ元就は勢いのあった大内家に従ったが、ライバルの尼子家が勢力を増すと寝返った。

ところが、尼子経久が元就の家督継承を邪魔すると、疑心を抱いた元就は大内家に出戻った。その3年後、何の未練かまた尼子と通じあっては、不穏な動きをみせる元就。果たして最後に選んだ主家は、大内家であったから、二転三転、ぐるりと一周した元就の主家決めだった。

1540年、元就の離反に怒った尼子晴久が、大挙して吉田の郡山城に攻めてきた。元就は大内家に援軍を頼んだが、きわどい展開となった。そこで元就は一計を案じる。

深夜、こっそりと山の中に入り込み、かがり火を一斉に燃やす。すると、尼子軍はこれに目を奪われ、朝方になると勝手に退却していた。実は、かがり火の後ろに数千のワラ人形を配置し、あたかも夥しい数の軍勢がいるように偽装したのだ。

1563年、逆に元就が大軍を率いて尼子を追い詰めた。白鹿城《しらがじょう》での水攻めである。白鹿城は尼子の支城のなかでも屈指の堅城。元就もうかつに手が出せず、代わりに城の水や兵糧の供給源を絶ち尼子の出方を窺った。

尼子方も物資の不足を見破られまいと虚勢を張る。連日、やぐらに名馬を出しては、飢えた家臣が大量の米で馬を洗って見せた。

遠くから見る毛利方にはそれが米ではなく水に見えたので、家中には水攻めの効果を疑い退却を主張する者も出た。だが、敵の行動を不審に思った元就は使者を派遣し様子を探らせた。

尼子家中興の祖・経久（左）と、勇猛で鳴らしたその孫・晴久（右）

すると、わざわざ使者の通り道にたくさんの米俵を積み上げるなど、必要以上に尼子が水や物資を露出させていることが分かった。元就はこれを虚仮脅しと喝破し、落城が近いことを悟ったといわれる。

その間、白鹿城を包囲していた元就の家臣・出羽《でわ》中務《なかつかさ》少輔《しょうゆう》は、暇を持て余し和歌を読んで矢文を放った。

「お前の城はもう終わり。毛利の元で滅びる運命」（『年経れば白鹿の糸も破れ果て毛利の木陰の露と朽ちなん』）

これを見た尼子の家臣・神田弥左衛門は腹立ちまぎれに射返した。

「お前らは、世継ぎが死んで、もう終わり」（『安芸の森枝葉も落ちて木枯の中に松田ぞ色を増しける』）

「元就は能無し武将。逃げもできずに、攻めもできない」（『元就は白鹿の糸に繋がれて引きも引かれず射るも射られず』）
出羽もこれに対抗する。
「なにをいう。お前ら全員、毛利次第ですぐにも滅亡」（『尼の子の命と頼む白鹿糸今ぞ引切る安芸の元就』）
これで両者矢文の応酬とまらず、ついには合戦にまで発展してしまった（『雲陽軍実記』）。
元就が大変な和歌好きだったことは知られているが、意外なところで家臣も才能を発揮し、尼子側をうまく揺さぶることに成功している。この後、毛利軍は白鹿を落とし、尼子は滅亡への道をひた走ることになる。

**●重大なうっかりミス**

1566年、尼子家は牙城である月山富田城で、元就による最後の総攻撃に耐えていた。落城すれば尼子家3代にわたって築いた栄華が台無しとなる。ときの主君・尼子義久は覚悟を決めるが、その前に勇敢な申し出を行った者がいる。大男で知られた剛の者たち、熊谷新右衛門と原宗兵衛である。

「我らが元就の陣に投降すれば、必ずや元就と対面します。そのとき隙をついて我ら二人が同時に飛びかかれば、元就といえども刺殺は容易。ただ、我らは生きては帰れぬゆえ、褒美は子供たちに与えてください」

　義久にとっても思いがけない申し出だった。喜んで二人を見送ると、熊谷らは、

「元就が猛者といえども、我ら二人が左右から捕まえれば、逃げられるはずがない！」

と大言を吐いて現場に向かった。

　さて、元就の陣は洗合《あらわい》にあったが、熊谷・原の両人は、そこへ近づくと降参の意思を伝えた。元就とはすぐに対面となった。身元の確認がはじまっていた。ただし、その日に限って投降した者が30人以上出ており、混雑して動けない。

　さらに予想に反し、元就は息子たちに囲まれて上段に座っており、下段には20人以上の家臣が並んでいた。

「お辞儀だけして帰ろう」

　二人は警備の隙をみて、月山富田城へ一目散と逃げ帰った。元就はこの動きを不審に思い追っ手を出したが、二人の逃げ足は速かった。

　命からがら逃げ帰った熊谷、原の両名は計画が失敗したことを告げた。

「元就は人間ではありません。あれは、どうも神の化身かなにかでしょう」

義久の深いため息が聞こえてくるようだ。敗戦間近に半端な義将を信じてしまった尼子義久のうっかりだった。

一方、半世紀もの間戦い続けた相手から、〝神の化身〟とまで呼ばれた元就だったが、彼も尼子家相手にうっかりしたミスをおかしたことがあった。

尼子家が晴久の代のとき、元就の重臣たちが、密使からある重大な情報を仕入れた。

「尼子晴久は病気で長くない」

これは出雲を攻め取ろうと企てる毛利家にとって朗報だ。重臣たちは、主君が聞いたらさぞ喜ぶだろうと急いで伝えた。すると、元就は激怒した。

「お前たちは遠慮もせずに何を言うか。これから攻めようとするときに、都合よく大将が病気になどなるものか。これは罠である。お前たちも、今後このようなことで喜んではいけない」

以来、この噂はぴたりと止んだ。しかし、晴久は本当に病気だったため、まもなく死んだ。このとき元就が動いていれば、5年は早く尼子家との戦いが終わっていた可能性があった。

## ●深夜に駄洒落を叫ぶ

事件は1551年の夏に起こった。主家の大内義隆が重臣・陶晴賢《すえはるかた》に反乱を起こされ、殺害されたのである。まさに下克上だ。

当初、元就は事態を静観、仇討ちには興味がなかったが、瀬戸内海の制海権を晴賢が握ると、一転して討伐を決めた。

しかし、兵力の差は陶軍3万に対し、毛利軍3000。野戦では到底勝ち目がない。そこで、元就は四方を海に囲まれた狭い厳島に陶軍をおびきよせ、一網打尽にする奇襲案を立てる。

嘘の情報で晴賢を混乱させた元就は、陶軍を先に厳島へ上陸させると、夜密かに、自軍も上陸した。元就は身も心も張り詰めていた。強い雨が降っていたので家臣が元就に傘を差し出すと、彼は右の拳で傘を殴り飛ばしてしまった。襲撃を前に気合に満ちた元就が、全軍を揃えて深夜に叫ぶ。

「よく聞け皆の者！　先ほど船頭に聞けば、ここは包ヶ浦《つつみがうら》、あの山は博奕尾《ばくちお》というらしい。喜べ！　両方とも敵を〝打つ〟ことに縁起があるぞ」

「鼓」と「博打」をかけた元就渾身の檄であった。おかげで毛利軍の士気は大いに上がる。翌日の昼、その博奕尾を目指し毛利軍は森の中を行軍していた。そこに突然、鹿が飛び出してきた。元就は驚いて大声で叫んだ。

「鹿は神の使い！　それが現れた以上、神に導かれたも同然だ。それ皆の者、鹿の後を追え！」

現在の厳島の鹿。人によく懐いている

全軍が一匹の鹿の後に続いた。果たして、その先には陶家の大軍が野営していた。毛利軍は闇にまぎれて奇襲をかけた。たまらず陶軍は大混乱に陥り壊滅。晴賢は自害した。だが、元就の高ぶりはなかなか冷めやらない。

『武家万代記』によれば、

「後日、元就は差し出された晴賢の首を確認した。元就は首を睨みつけては、ムチを手に取り三度も振った」

と記されている。こういった様子からは、一世一代の奇襲作戦で「熱く」なる元就像が浮かび上がる。彼は単純な策謀家ではなく、根は闘志に燃える熱い武将だったのかもしれない。

陶が奪った大内家の領地は、すべて元就のものになった。元就は先代から悩まされていた実力者を次々に滅ぼし、中国地方の覇権を握りつつあった。

## ●家臣の傷口にかぶりつく

1570年、山中幸盛ら尼子家の残党が、九州で戦っていた毛利軍の隙をついて挙兵した。このとき元就は74歳、敵は残党とはいえ2万をそろえ、緒戦は尼子再興軍が優勢、元就の家臣・岩木道忠は重傷を負っていた。左膝を矢で射抜かれ、抜いても矢尻が肉の間に喰い込んでいる。

海から見た厳島。大軍を運用するにはこの島は狭過ぎた

元就が至急、医者に見せると、「膝から切断しなければ治らない」という。道忠が青ざめ、元就を見た。切断するのは容易でも、片足になることは彼の武士生命の終わりを意味する。すると、元就は、震える道忠を横目に、医者を叱りつけると、突如として道忠の傷口にかぶりついた。

膿を吸い出し、舌で肉を掻きわける。ついに元就の口に矢尻が入った。道忠は感動し「あなたの為なら命をも惜しみません」と決意を口にした。元就は言った。

「このようなことに感激して、厚義と思うようなら大勇ではないぞ。部下の一命をとりとめるために、これしきのことをするのは当たり前のことだ」

この後、士気を取り戻した毛利軍は、尼子再興軍に逆転

尼子家の忠臣・山中鹿之助幸盛

勝利、山中幸盛も自害した。74歳とは思えぬ覇気である。小手先の謀略だけではなく、元就が熱い人間的魅力に満ちた人物であったことが窺える。

## ●「三本の矢」の真相

さて、元就といえば、身内の結束を説いた「三本の矢」の逸話が最もよく知られている。

三本の矢の話とは、次のようなものだ。晩年、元就が長男・隆元、次男・元春、三男・隆景の三人の息子を枕元に呼び寄せると、矢を一本ずつ渡して「折れ」という。息子たちは当然、いとも簡単に折ってみせる。が、

「三本ならどうだ」

と束ねて手渡すと、豪勇で鳴らした元春ですら折ることができない。

「なかなか折れないだろう。このようにお前たちも三人力を合わせて、毛利の家を守っていくのだぞ」

と元就が説いた……とされている。

が、実はこれ、徳川家が、争いごとを未然に防ぐため中国の古典『西秦録』を参照しながら、人々の教育に利用しようと創作した話であることがわかっている。そもそも、元就の晩年には隆元が既に死亡しているため、メンバーが揃わないのだ。

とはいえ、矢の教え自体が創作であっても、元就が常日頃から息子たちの強い結束を説いていたことに違いはない。それは手紙（遺言状）にも託されており、何度も繰り返し結束を語ったため、作家の吉本健二は元就のことを〝説教魔〟と呼んだほどだ。

例えば息子たちに残した手紙でこういっている。

「助け合わなければ、お前たちは滅亡するだろう。母親が生きていれば、私が直接いうことではないのだ。母親が生きていれば、私がいちいちここまでいう必要はないのだが」

では、実際に息子たちの仲はどうだったのだろうか。これが意外に知られていない。果たして「三本の矢」の逸話に象徴されるように、実情も美談に彩られていたのか。

河合正治編『毛利元就のすべて』によると、こうある。

「長男・隆元は、毛利本家の当主として責任を負い、弟たちに自分の繁栄だけを考えるのではなく、お互い足らない所は埋め、皆で協力しあおうと強く望んでいた。三人の話し合いは、本拠地・吉田で行われ、そこで毛利家全体の運営が決められた。ところが、弟たちは吉田へ来てもすぐ帰ろうとし、それでもいやいやながら居残ると、今度は長男の隆元をのけ者にして、弟たちだけで話し合いをはじめた。隆元はなかなか話しかけることもできず、『弟たちは私のことを馬鹿にしている』などと訴え出たこともあった」

「三男・隆景は年齢が若いうえに、力のついた小早川家の当主であったため、身勝手な要求を出してコトを面倒にした。隆元は隆景のために吉田内に屋敷を与えたが、隆景は不満をあらわにし、『私の宿というからには、家屋も立派に設備を整え、より贅沢にしたい』と無理な要求を出して隆元を困らせた」

「次男・元春は、武力に長けてはいたが、すぐに『ええい、叶わずば討ち死にするまでよ』とか『ここは退けない』などと、良い歳をして若武者のようなことばかりいった」

このように個性溢れる弟たちに長男・隆元は頭を悩ませていたようだ。

しかし彼と元就の亡きあと、隆景と元春は隆元の子・輝元を「両川体制」と呼ばれるように、よく補佐し支えた。だからこそ「三本の矢」のような創作話が生まれたのだろう。

## ●座敷で雪合戦を開始

「毛利両川」の立役者で、智謀に優れた小早川隆景（左）と猛将・吉川元春（右）

最晩年のある冬、雪が本降りになると元就は喜びを露わにした。

「心地よい雪だ。外で雪合戦をしたいが、高齢で叶わない。だから座敷のなかでやろう。さあ、急いで雪を部屋にたくさん持ってこい」

家臣たちは、

「殿もいよいよ耄碌《もうろく》されたか」

と、それぞれ思い思いに器に雪を盛って部屋に入った。はじめは申し訳程度に家臣同士軽く雪をかけあう程度だったが、「雪合戦をせよ」と、元就が雪を片手に振りかぶり家臣にぶつける。

その家臣は元就にぶつけるわけにはいかず別の家臣にやり返し、それが次々に連鎖して、座敷内はいつしか大合戦の様相を呈した。

元就は若い家臣を鍛えるつもりで屋内雪合戦を敢

行したと伝えられる。老人の自分が雪合戦をしていれば、自然に家臣もコタツから外へ出て雪合戦をはじめる、そう考えたのだ。

1571年6月、元就は75歳でこの世を去った。去り行く前に催した花見の会では、見舞いに訪れた遠近の客をもてなしながら、

友をえて　猶ぞうれしき桜花
昨日にかはる　けふの色香は

と一句詠んだ。生前の元就は、「私には友達が一人もいない」と嘆いたことが知られているだけに、感動的な情景が浮かぶ。

策謀だけではなく、時に激しい情熱を用いて毛利家を西国を代表する大名家にした元就。最後は子供たちの結束と版図の維持を何よりも願った。

「三本の矢」ではなかったものの、残る二本が毛利家を明治時代まで続く長州藩主とした。その努力は、長州藩が薩摩藩と並ぶ明治維新の中心勢力となって幕府を倒し、開花することになる。

# 3

## 斎藤道三

11の名を持つ男

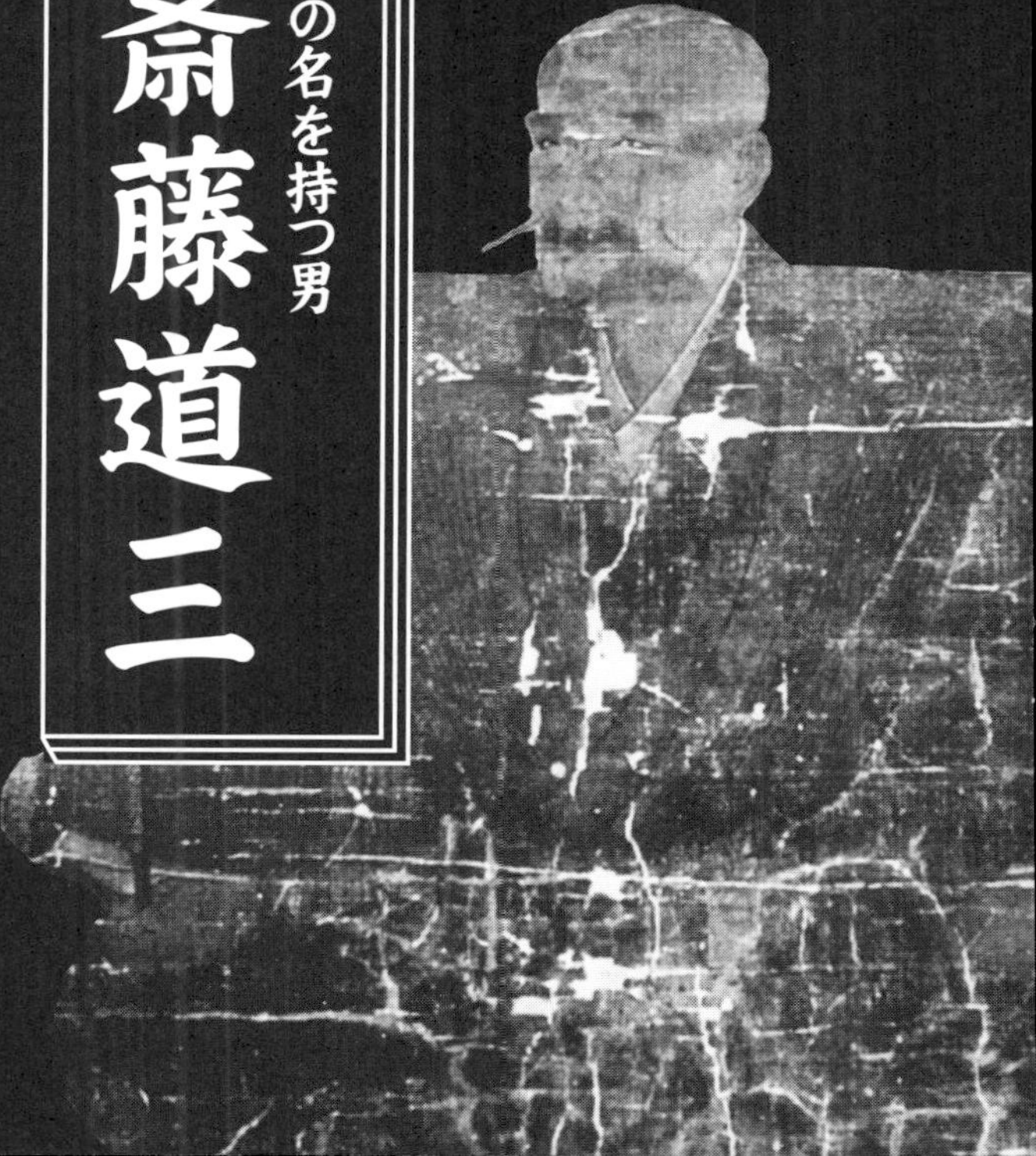

人は彼を「マムシの道三」と呼ぶ。蛇のように大名家に忍び込み、居座り、ついには主君を追い出し自分が取って代わる。古くは、マムシは、母親の胎内を喰い破って出てくると信じられていた。その言い伝えの如く、何度も主家という胎内を食い破ると、美濃一国が道三の腹の中に収まっていた。

その生涯は掴みどころがないマムシのごとく、未だに多くの歴史家たちを悩ませている。

## ●マムシは二人いた！

1494年、道三は応仁の乱で焼け野原となった、山城乙訓《やましろおとくに》郡西岡で生まれたといわれる。出身ははっきりせず、生年を1504年とする説もある。道三は、浪人・松波左近将監基宗《まつなみさこんしょうげんもとむね》の子として生まれ、妙覚寺で得度を受け、僧侶となった後、還俗して油商人となった。後に、僧侶時代の同僚の伝手で、美濃守護土岐氏小守護代の長井長弘家臣となることに成功した。

道三は「僧侶」「商人」「武士」という三つの職業を経験し、ここから道三の下克上がはじまる――というのが広く知られていた前半生であった。

ところが、当時の史料の研究が進むにつれ「マムシ親子は二代にわたって国盗りを行った」ということが明らかになったのだ。美濃に流れ着き、職を転々として守護代の家臣に収まった

道三が手に入れ、のちに信長の手に渡った稲葉山城（のち岐阜城）

のは、実は父である基宗（長井新左衛門尉）であった。司馬遼太郎『国盗り物語』をはじめとして、多くの小説や映画は「道三一代説」を採っていたため、未だ多くの日本人が「道三は油売りから一代にして大名までのし上がった」と誤解しているのだ。

生まれながらの武士であった道三。守護代家臣の子として、父は道三に妙覚寺での修養を命じる。当時、京風の礼儀が身につく妙覚寺での修養は、美濃での世渡りに有利に働いたからだ。道三は幼くして体で礼儀を覚えさせられた。

伝えによれば、道三は相当な美形であったとされる。そんな道三であるから『戦国鉄仮面～実説・まむしの道三』の著者・八切止夫《やぎりとめお》は、「カマを掘られる境遇だったのではないか」と推測する。八切は、男色が横行する寺の風俗に

着目し、とりわけ〝お上人さま〟と呼ばれる高僧が、立場を利用して美童の肌で欲望の処理を行っていた事例を取りあげ、
「道三は美貌によって客をとる仕事に、幼い頃から従わされていた。稚児と呼ばれるゲイボーイとしての勤めがあった」(『道三の素性』)
という、大胆な仮説を提示する。
妙覚寺での修養が、道三を京風の洗練された男色家へと導いていったのかは、定かではないが『美濃国諸旧記』は、二十代であった美男子・道三が主君の土岐《とき》頼芸《よりのり》と男色関係にあったことを知らせる。彼はこの頼芸を見事に裏切り、美濃一国を手にしていくのだ。

**●改名の鬼**

道三は頻繁に改名を繰り返したことで知られる。上杉謙信など、官位や将軍の姓を賜って改名する大名は多いが、道三は職業を変えたり、家を乗っ取る節目で改名している。

・峯丸
・法蓮坊

・松波庄五郎
・奈良屋又兵衛
・山崎屋庄五郎
・西村勘九郎正利
・長井新九郎正利
・長井太郎左衛門秀元
・斎藤左近大夫藤原規秀
・斎藤左近大夫利政
・斎藤山城守道三

他にも秀龍など、資料によって幾つもの名前が散見される。もっとも、これは先述した「道三一代説」をとる『美濃国諸旧記』に見られる名前であるため、この中の幾つかは父親の名が混ざっている。

しかし最後の「道三」という号は「三つの職業に就いたことを表した」等と語られてきたから、それが本当ならば、生まれながらにして武士だった道三の素性とは矛盾してしまう。道三の実像や生涯は、未だ明らかにされていない部分が多いが、今後も一般的に定着している道三のイメージを、打ち崩す研究結果が出てくるか否か、楽しみなところだ。

**●娘が信長に輿入れ**

1542年、道三が主君の土岐頼芸を尾張へ追放すると、道三は美濃の大名を名乗った。まさに下克上である。しかし、道三は大名になってから苦労した。

尾張に追放された頼芸は地元復帰を願い、織田軍を味方につけて美濃に進撃する。さらに好機と見た越前の朝倉軍も美濃を挟み込み、道三は窮地に立たされた。

道三はここで和議を織田信秀（信長の父）に申し入れている。その条件が、道三の愛娘・濃姫と、信長の結婚だった。

実質的には、敗戦回避の条約だ。政略結婚とはいえ、道三にとっては、大事な愛娘を織田家に取られた格好になる。

さて、結婚式から1年後のこと、信長が濃姫に対して奇行を見せるようになった。信長は毎晩、濃姫が寝るのを確認してから、こっそり外へ出かけていく。朝方まで帰ってこない。これが2も続いていた。

怪しんだ濃姫は、信長を問い質す。

「毎晩どこへ行くのですか。ほかに好きな人でもできましたか」

信長が答える。

「いや違うが、話せない。少し秘密があるのだ。夫婦でも話せないことはある」

すると濃姫は、

「私が愚かでした。実家に帰らせていただきます」

と言い放つ。これに困った信長は、真相を妻に告白した。

『武将感状記』によれば、信長が毎夜、外に出て行ったのは、狼煙を確認するためだったという。信長は当時、斎藤家に不満を持つ家老二人と密約を交わしており、彼らが美濃でクーデターを起こせば、すかさず信長が攻め込むという手はずだった。狼煙は道三暗殺の報告であったのだ。

翌朝すぐに、濃姫は父・道三にこの話を知らせた。すると、道三は怒り、家老二人を謀反の罪で斬り捨てている。愛娘・濃姫の密告は成功した。

しかし一方で信長と密約を交わした家臣など、最初から斎藤家にはいなかったという説がある。信長が斎藤家の戦力を減らすために画策した謀略であったというのだ。

いずれにしても、このように、他家に嫁いだ娘が実家にその危機を知らせるということは、戦国時代には度々あった。道三が濃姫にスパイ活動を命じていたわけではなく、彼女の注進はありふれた親子愛から発せられたものに思える。

結婚生活はこのようなスタートであったが、信長と濃姫の夫婦関係は、信長が本能寺で斃れるその時まで、生涯良好であったと言われる。

## ●正徳寺の会見

道三と信長に関しては、こんな逸話もある。

「マムシ」も人の子、嫁がせた愛娘が心配だったのだろう。ましてや、相手は「うつけ」との評判が隣国にまで聞こえてくる信長だ。父の葬式で抹香を投げて暴れたとの噂も出た。織田家の古老・平手政秀は、信長の奇行に悩み自殺した。

道三は不安になったのか、両者の国境に位置する富田の正徳寺で面会を執り行うことになった。今でこそ、結婚の前に父と婿は顔を合わせるものだが、世は戦国である。直接面会してトラブルがあってはいけない。暗殺や誘拐、果ては合戦に繋がる恐れもあるため、縁組の交渉や段取りは、両家の重臣が取り仕切るのが普通なのだ。

当日、道三は大勢の重臣を引き連れ、正徳寺に早めに到着した。信長の姿はまだ見えない。

道三は居並ぶ重臣たちに正装をさせ、廊下に並ばせた。間を通る信長の度胸を試そうとしたのだ。

面会時間が近づき、信長が馬に乗ってやってきた。その姿は噂通り、だらしないの一言。ひっつめ髪、はだけた胸、腰には瓢箪を8つもぶらさげている。これを見た老臣は、

「まさにたわけだ」

と珍しがった。道三は苦笑した。

ところが、である。控えの間から出てくると、信長は突如として厳格な正装に着替えていた。さらに、信長の家来たちは当時の最新鋭兵器である鉄砲で武装し、その行軍も厳正そのものである。これを見た道三は震撼した。

信長が帰った後、家臣の一人が、道三に声をかけた。

「やはり信長は、たわけ者でござったな」

それに対して、道三は次のように吐き捨てたという。

「されば無念。ワシの子供たちは、そのたわけの軍門に下ることになるだろう」(『信長公記』)

この言葉は、後にその通りになった。

とはいえ、信長の聡明さだけが印象に残るこのエピソードは、織田家側の資料では多数確認されるものの、斎藤家に関する書物にはまるで痕跡がない。信長の器量を演出する為に織田家

によって創作された可能性も捨て切れない。

## ●家臣が凸凹な髪型を披露

1555年の冬、道三の息子・義竜が謀反を起こす。義竜は岐阜城に2人の弟を呼び出し、惨殺したのだ。義竜の母親は、もとは道三が追い出した土岐頼芸の愛人（愛妾）だった。道三が彼女を奪って、最初に生ませた子が義竜だ。母親は、道三と一緒になる前に妊娠していた可能性があり、義竜が道三の子種かどうか疑われていた。

「道三が追い出した土岐頼芸こそ、私の本当の父親である」

幼い頃から父に遠ざけられていたという、義竜はそう主張した。これに土岐家再興を願う家臣団が加わり、

「美濃を道三から取り戻す」

という大義名分が成立した。

1556年、親子は互いに手勢を率いて対峙する。長良川の戦いだ。

義竜の兵1万8000に対し、道三の兵3000。既に隠居の身だった道三は、拮抗する勢力をそろえられない。自分以外の跡継ぎを殺し、大義名分を手にした義竜が圧倒的に有利だ。

このとき困ったのが、道三にも義竜にも恩があった、中堅クラスの家臣である。合戦当時、37歳だった道化六郎左衛門もその一人であった。義竜は、家中が入り乱れて戦う中、敵味方が一目でわかるように、

「私に忠誠を誓うなら、私と同じように髪の毛をすべて剃れ」

と部下に求めた。道三にも恩があった六郎左衛門は、そうあからさまに白黒つけられては気分が悪い。そこで、左半分の髪だけ完全に剃って、義竜に忠誠を誓い、右半分は剃らないで道三に従うという苦渋の髪型を披露した。

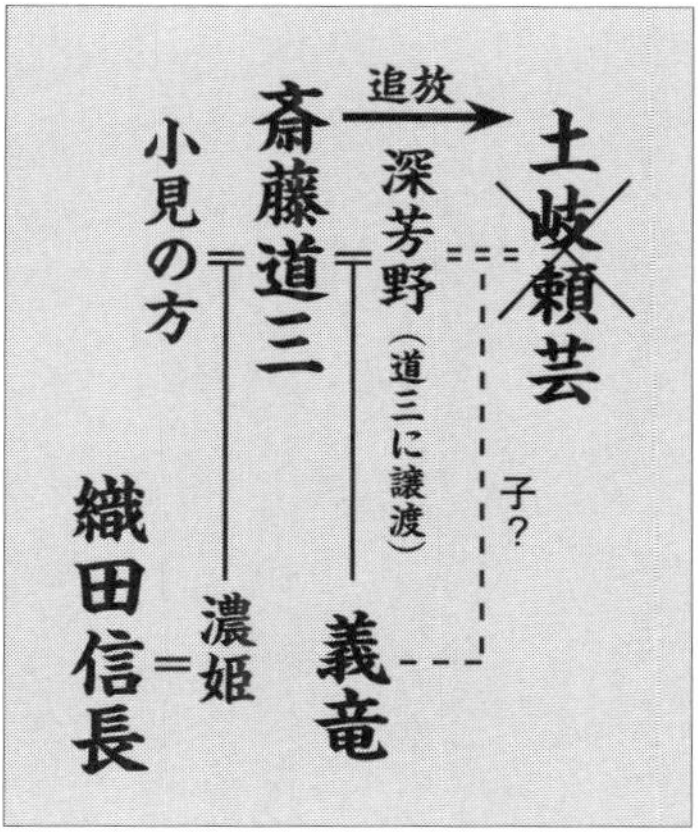

斎藤家の縁戚関係。カギは側室・深芳野

『武家事紀』によれば「この道化の髪型こそ〝道化者〟の語源である」としている。避けられない運命のなかで、真剣にとった選択が結果的に滑稽な姿として表れたのだ。

結局、道化六郎左衛門は、この長良川の戦いで道三に従い、軍奉行を務めた。そして道三が討ち取られると、後を追って討ち死にした。

父に比べるとやけに筋骨隆々としている義竜

## ●死に際の後悔

合戦前、道化六郎左衛門は軍奉行として、道三に戦術を献策するが、道三はそれを投げ打ち、単騎で義竜の先陣およそ600人に斬り込んだ。当然の如く、道三の一隊はなぶりものにされた。

息を切らして本陣に戻った道三は、血刀を鞘に収めぬまま床机にドカッと腰を据え、笑いながらこう言ったという。

「果たして、やつはワシの子だ。見事な用兵だ」

親子決戦で義竜の力を知った道三は、この段に至って、後悔したとも伝えられている。実は決戦前に、

「今後は美濃の領地をまかせる」

と、娘婿・信長に美濃一国の譲り状を送ってしまっていたのだ。今となっては取り返しのつかないミスである。

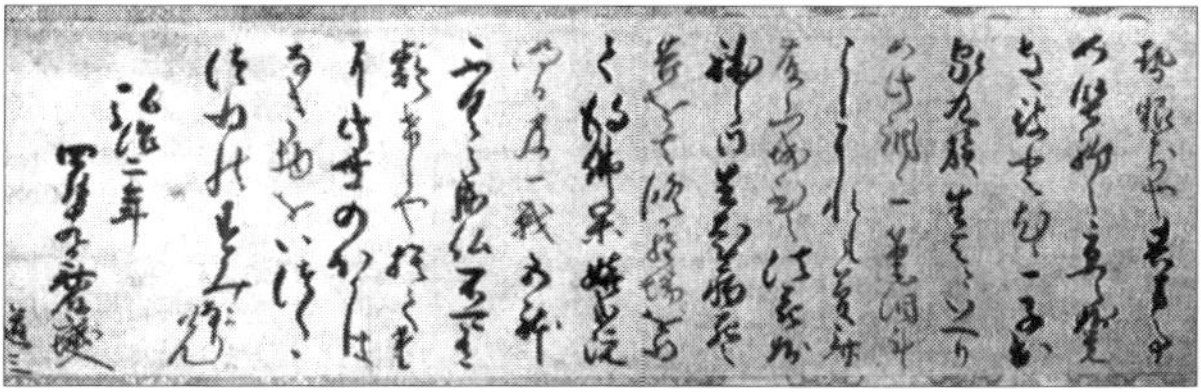

道三が信長に書き遺したとされる「美濃一国の譲り状」

「ここまでくると、道三は信長などに美濃を譲りたくはなくなっていたのである。死に臨んで本心にたちかえった道三は、今まで息子を正しく評価していなかったことを嘆き、悔やんでいるのだ」（『桑田忠親著作集　第二巻　戦国武将1』）

やがて、本陣まで迫った義竜の部下・長井忠左衛門と小牧源太が道三を襲う。

源太が道三の首を斬りむしる。忠左衛門は道三の鼻を削ぎ、戦果の証拠とした。

義竜は道三の首を確認すると、嬉々として襖まで蹴り飛ばし、後に稲葉山に晒させたという。

道三、享年63歳。彼が出陣前に書き残した遺言状には、次の一文がある。

「戦場で死ねることを嬉しく思う。これでワシは成仏だ。ただ、命を捨ててしまえば、来世などないぞ。成仏したって落ち着かない」

道三の遺言状は、筆先が荒れていて、墨つきも乱れているという。

戦国期の武将が遺言をする場合、その多くが安静の時期に、良質な道具を選び、流麗な筆でしたためる。

道三の遺書は珍品の部類であり、偽書の噂も絶えない。だが、道三のことである。出生もはっきりせず、最期も後世の研究家や歴史愛好家をやきもきさせ、煙にまく姿こそ、一癖も二癖もある「マムシの道三」に相応しい。

戦国随一の理系大名

# 松永久秀

松永久秀という名前は歴史愛好家以外には馴染みが薄いかもしれない。しかしこの男、戦国武将愛好家の間では「戦国最悪の武将」として広く親しまれている。家臣が主君にとって代わる「下克上」の代名詞とされることも多く、梟雄《きょうゆう》、悪漢などロクなあだ名がつかない。

『戦国なるほど人物事典』では、

「久秀は骨の髄まで陰険卑劣で、やりきれなくなるほど悪辣で、際限もなくえげつない人物」

と評されている。

ここまで評判が悪い久秀だが、実際の所業も評価に負けず劣らず凄まじいものである。裏切り、悪政、卑怯な戦法……極悪人扱いされるのも無理からぬ、華麗な経歴を持っているのだ。

あの信長は、彼についてこう語っている。

「この老人は、天下に名を轟かす三つの悪事を犯した」

天下人すら驚嘆する悪事とは何だったのか、本項で明らかにしていこう。

一方で、こんな逸話もある。京の空に巨大彗星が現われたとき、人々はそれが久秀の最期を予期していると噂した。久秀は言った。

「馬鹿なことをいうな。彗星が現われたのは自然の法則に従っているからだ。ワシの死を予告しに現われたのではない。天から見れば、私も将軍も天子ですらも、まったく眼中になどない。

あの彗星は滅亡の予兆ではなく、ただ天文の理に従って出ているだけだ」

まったく道理である。常に死と隣り合わせにあり、縁起を担ぐことが重視されたこの時代、こうまで理知的な言葉が吐ける久秀という男を、ただの極悪人とみなしてはつまらない。悪人というイメージの下にどんな素顔が隠れているのか、暴いていこう。

## ●百姓をミノムシ踊りで処刑

久秀が当初仕えた近畿の実力者・三好長慶

久秀の出身国は山城国とも播磨国とも言われるが、詳しいことは分かっていない。一説によれば、若年の頃、満月の夜に寺から連れ去られた百姓のうちの一人だ、いや商人の子だ、と唱える者もいるが、どれも確証はない。
はっきりとした彼の経歴が確認されるのは、1540年に近畿の実力者・三好長慶《みよしながよし》の右筆となってからだ。
三好家は、もともと細川家の家臣だったが、長慶の代になって勢力を急拡大させ、主家を追放、中央の実権を握った。近畿全域と四国を支配する大大名であった長慶に、優秀な文官として重用された久秀は、長慶のもとで出世していく。

大和《やまと》信貴山城《しぎさんじょう》を任せられたのを皮切りに、弾正少弼に任官、京都所司代に就くなど、三好家にあって、なくてはならない存在となっていく。

ところが、彼の出世に伴って家中の有力者が次々と不審な死を遂げる。

1561年、久秀と一緒に温泉を楽しんでいた長慶の実弟・十河一存《そごうかずまさ》が急死すると、翌年に実弟の三好義賢《よしかた》が死去、翌々年には嫡男の義興《よしおき》が急死、さらに1564年には長慶の実弟である安宅冬康が変死。続いて主人の長慶も同年に病死する。

この死以前から、広大な三好家の領土への施策は、すべて長慶から久秀を通じて行われるようになっていた為、主人の死後は自然と久秀の勢力が台頭した。

あまりにも出来過ぎた、これらの死。当時から久秀の関与が疑われていたようだ。

信長も疑っていた一人のようで、この「主家乗っ取り」が信長の言う「三大悪事」の一つ目である。

長慶の主だった親族は皆、変死してしまった為、一族の重臣だった三好三人衆と久秀が協同で三好家を治めるようになった。

宣教師・フロイスは、久秀統治下の領国の状況をこう記している。

「当時、天下の最高統治権を掌握し、専制的に支配していたのは松永久秀だ。彼は偉大にして稀有の才能を持った人物である。関西において、彼が命じたこと以外は何もなされなかった」

当時は「京都の実権＝天下」であるから、久秀は三好三人衆と共に、信長より一歩先に中央の実権を握っていたことになる。

久秀の政治は、不当な税収による汚職など、その行いはときに過剰なものがあったといわれる。例えば、年貢を払えない百姓たちには、蓑を着せて火を放つ。久秀はそのもがき苦しむ様子を、

「ミノムシ踊り。ミノムシ踊りじゃ」

と呼び、涼しく見物していたという。

久秀の領民搾取については、こんな話も伝わっている。

ある時、久秀は領民に対し、酒を納める際に使う酒樽の高さを高くするよう命じた。領民が言われたとおりの寸法の酒樽で酒を納めると、久秀は早速酒を抜き、その樽を崩し、樽材の板を城の塀作りに流用した。樽の高さは、城の塀に合わせた寸法だったのだ。

またある時は、家々の串垣の長さを半分に規制し、切り取った半分を回収、それを城壁の下地作りに流用した。

ただ圧政を敷くだけではない。領民から絞り取ったものは最大限、自分の利益になるよう活用する。久秀の抜け目のない性格が窺える。

## ●クリスマスを理由に休戦

当主に取り入って出世を重ね、徐々に家中の実権を握った久秀。一族の重鎮である三好三人衆は彼を警戒していたものの、共通の敵がいるために表面上は手を結んでいた。

その敵とは第十三代征夷大将軍・足利義輝である。

当時の足利将軍家は、実権こそ全国に及ばないものの、未だに幕府役職の任命権など、形式的な権威は持っていた。その権威を利用しようとする勢力に庇護されることで、将軍家は命脈を保っていたのだ。しかし義輝はそんな将軍職の現状を憂い、実権を取り戻そうと考えた。大名同士の紛争を調停したり、伊達輝宗（政宗の父）や、上杉輝虎（謙信）に自分の名の一字「輝」を与えるなど積極的な政治活動を展開した。

将軍を傀儡と考えていた久秀と三好三人衆にとっては、まさに目の上のたんこぶであった。

1565年、両者は義輝を排し、代わりに彼の義弟・義栄を将軍に据えようと画策し、軍勢を率いて二条御所を襲撃する。義輝はこの動きを察知し、屋敷を改築していたが、多勢に無勢であった。奮戦も空しく討ち取られてしまう。

この時、義輝の弟・義昭は捨て身で脱出。後に織田信長に担がれ上洛することとなる。

征夷大将軍があっさりと暗殺されるという事件は、足利将軍家の権威を地に落とし「下克上」の時代が本格的に到来したことを告げるものとなった。

これが「三大悪事」の二つ目である。このあたりのエピソードで、既に久秀の「下克上」「梟雄」といったイメージは形作られている。

「剣豪将軍」と呼ばれた足利義輝

さて、都を制圧した久秀だったが、三好三人衆は家中で力をつけ過ぎた彼を警戒し、傀儡将軍・義栄を担いで久秀を排除しようと動き出す。三好家当主・義継をはじめ家中の有力者もこちら側に付き、久秀は孤立してしまう。

1566年、緒戦で敗れた久秀は堺に退却するが、ここも三好家の軍勢に包囲される。

追い詰められた久秀は、なんとか大勢を立て

当時の宣教師の日常活動の様子

直す時間を稼ごうと、絶大な経済力を持つ堺の豪商たちを呼び寄せる。ここで紛争が長引くのは、彼らも望むところではない。久秀と商人たちは窮余の一策を考え出した。

「クリスマスを理由に休戦を持ちかけてはどうか」

断わっておくが、久秀は仏教徒である。キリシタンが嫌いで宣教師を迫害したこともある。嫌がらせで、腹心の学者たちを宣教師のもとへ行かせ、キリスト教の教義を問い詰めさせたこともあった。だが、背に腹は代えられない。久秀には時間が必要だった。

三好側には多数のキリシタンがいたこと、強い権益を持つ堺の商人が動いたことなどが、幸いした。三好三人衆も商人の働きかけを受け、休戦を受け入れる。

久秀が実現させた休戦当日には、両軍のキリシタンが町の小さな集会場に集められ、広間で告白・ミサ・聖体拝領などを行ったといわれている。

現代のクリスマスが商戦と一体のものとなって久しいが、350年前の日本初の「クリスマス休戦」に豪商が絡んでいたというのが興味深い。

結局、久秀は敗走し一旦行方をくらますことになるのだが、はるか未来を先取りした「クリスマス休戦」の逸話からは、彼の腹黒さが、意外にも柔軟な思考法を生み出していたことが分かる。

## ●奈良の大仏を破壊

一度は中央を追われ、行方知れずとなった久秀。久秀の領地も次々と侵攻を許すが、三好三人衆と仲間割れを起こした当主・義継が陣営に加わると、久秀は再び姿を現し、反転攻勢をかける。

1567年、決戦の舞台となったのは、なんと東大寺大仏殿。大仏殿に立て籠もる三好三人衆に対し、久秀は躊躇なく奇襲を敢行。

久秀軍が東大寺の南大門に登って敵を銃撃すれば、三好三人衆軍は興福寺の五重塔を要塞代わりに久秀を迎撃する。日本が誇る歴史的遺産は両軍の盾となり、時には矛となり果てたのだ。

三好三人衆は、仏教徒である久秀が大仏殿に突入することはないと踏んでいたが、この目論見は大きく外れた。目的の為なら手段を選ばず、時にはキリスト教すら利用する久秀のいびつ

久秀が焼き払った東大寺大仏殿。現在は再建されている

な信仰心を、三好側は甘く見ていたのだ。

久秀は容赦なく、大仏ごと三好側の兵を焼き払った。彼は、

「木と銅で作られた大仏を焼いて、何のバチがあたるというか」

と傲然とうそぶいたという。奈良時代から残る寺社・仏像の焼失は、将軍暗殺より強いインパクトを人々に残したとも言われ、久秀は同時代の人々から「極悪人」と認識されるようになる。

これが「三大悪事」の最後の一つだ。後世になって、良くも悪くも言われる武将はいるが、久秀の場合は当時から悪く言われ続け、現代でもなお評価が一定している稀有な存在である。

## ●戦場でセックス三昧

近畿の覇権を巡り、三好三人衆と激戦を繰り広げていた久秀だが、戦地における彼についてはこのような逸話が残されている。

「久秀が戦場に向かうとき、いつも側女を二、三人連れていて、幔幕《まんまく》の中に引き入れて痴戯にふけり、家臣が急用を伝えると、幕の中から顔だけ出して指示を伝え、用がすむと顔を引っ込めて痴戯を続けた」（藤岡周三『松永久秀の真実』）

また、三好三人衆との戦闘中、久秀は輿に乗って指揮を執っていたが、輿の中では久秀が側女たちと卑猥に絡み合っては顔だけは引き締めて陣頭指揮をとっていたという。

戦国時代、合戦の地では女性の立ち入りがご法度とされることが多く、その為か、このような話は他に類例がない。戦国も時が経つほど、戦地での女性タブーは緩くなっていくが、秀吉や家康らの女性同伴が確認され、集団で戦場を渡り歩いて営業する「御陣女郎」など売春婦の存在が確認されるのは戦国後期の話である。

クリスマス休戦然り、久秀は過去の慣習やしきたりに縛られない。久秀の性に関しては、次のようなエピソードも残されている。秀吉の項で少し触れた医者・曲直瀬道三《まなせどうさん》の性書『黄素《こうそ》妙論《みょうろん》』は、実は久秀に捧げられていたものだ。久秀は、性欲は健康に過ごすための恩恵だ、と考え実践していた。ちなみに『黄素妙論』の「魚接勢」という項で、複数の女性を相手にする方法が説明されている。それはこうだ。

「二人の女人を同時に相手にするには、まず一人を仰向けにして股を開かせます。そこに、もう一人の女人が覆いかぶさり胸を合わせて抱き合います。そして、男子は二人の女人の後方に構え、上下にある二つの玉門を眺めて感じてきたら、まず下のほうの女人の玉門に玉茎を差し入れて静かに出し入れをします。すると上のほうの玉門が嫉妬心をおこして愛液がはなはだ流れていきます。そのときは上の玉門に玉茎をゆっくりと差し入れます。こうして、下が求めたら下に、上が求めたら上に交互に差し入れていくのです」

結局、これは3Pの指南書である。ただ、健康法としては、このポジションは鬱屈した気分を解消させ、あらゆる病気を退散させる的確な方法だと伝えられている。久秀はこれを戦場で実践していたのだろう。

## ●爆死という皮肉

1568年、信長が上洛すると、久秀はいち早く貢物を差し出して降伏する。信長が擁する将軍・義昭は、兄を惨殺した久秀を憎んでいたが、信長は久秀の能力を買い、一旦は所領を召し上げたうえで、

「大和一国切り取り次第」

とする。久秀はそれに応じ次々に大和の国の城を落とし、一国を手に入れる。

遠征にも従軍し、金ヶ崎の戦いでは、同盟国の裏切りに遭って絶体絶命となった信長の退却路を、外交工作を通じて確保するという功績をあげている。

しかし義昭が「第一次信長包囲網」を結成すると、あっさりとそれに応じ裏切る。自分が惨殺した将軍の弟と、躊躇なく手を組むというのが久秀らしい。厚遇された恩を仇で返す所業だが、後に追い詰められた久秀を、信長は城一つと引き換えに許している。久秀の智勇を、信長がどれほど必要としていたかが分かる。

ところが「第二次信長包囲網」が結成されると、なんと、またまた裏切って信貴山城に立て籠もる。期待と同盟関係を裏切った人間は、徹底して血祭りにあげるのが信長の流儀のはずだが、ここでも久秀に寛大な処置をしている。

丁寧に使者を派遣し「なぜ裏切ったのか」と久秀に丁寧に理由を問い質したのだ。異例とも言える甘さだが、久秀はこれを突っぱね、信長軍と交戦を開始する。

名城と名高い信貴山城で防戦を展開した久秀だが、ついに信長に包囲され、今度ばかりは徹底的に追い詰められた。敗戦は間近である。ところが、この期に及んでも信長は久秀を助けよ

久秀が抱いて自爆した茶器「平蜘蛛」と同型とされる茶釜

うとする。

信長は久秀が持っている名茶器「平蜘蛛《ひらぐも》」を差し出せば、命は助けると申し出た。当時、戦国武将の間では茶道は嗜みの一つとされており、高価な茶器は城一つと同じような価値があるとされた。

信長は久秀の才とともに、この世に名を轟かせた「平蜘蛛」が欲しい。久秀は命など惜しくなかったが、「平蜘蛛」を信長にくれてやるのは惜しい。

考えた久秀は、「平蜘蛛」の中に火薬を満載すると、紐で縛って首からぶらさげる。そして火薬に点火し、久秀は茶器と共に粉微塵に吹き飛び、果てた。自害の方法として、一般的な切腹ではなく、なんと爆死を選んだのだ。

その幕切れは、まさに「梟雄」と呼ぶに相応しい、豪快なものだった。だがその一方で「クリスマス休戦」「戦場への女性同伴」など時代を先取りした久秀ならではの、死に様であったと言える。この爆死という死に方は、文献上、日本初のものである。

天下御免の傾奇者の正体

# 前田慶次

「いくさ人」前田慶次。

年齢不詳、生没年不詳、文武両道でいたずら好き。

戦国末期の武将で、熱湯風呂・鼻毛騒動など、多くの珍逸話を生み出した異端児だ。常人の倍はある身の丈と、同じく並の馬の倍はあろうかという名馬・松風を有し、手には皆朱の大槍。目を引く奇抜な装束に身を包み、背には「大ふへん者」の旗——。

これが漫画『花の慶次』や原作の小説『一夢庵風流記』で描かれる前田慶次の姿である。両作が世に出て以来、日本では「戦国最強の武将は前田慶次」というのがコンセンサスのようになり、ゲームやアニメでは驚異的な武勇を誇っていることが多い。

ひとえに漫画家と原作者の想像力の賜物と言えるが、それでは実際の前田慶次はどのような人物だったのだろうか。

## ●歴史上の人物としての慶次

本書で取り上げている他の武将たちと違い、歴史上の人物として慶次を捉えることは非常に難しい。正確な資料にほとんど情報が載っていないからだ。

武将としての慶次の生涯を確かな資料に基づいて記すと、実に簡潔なものとなる。

現代に描かれる代表的な前田慶次像

織田信長の重臣・滝川一益《たきがわかずます》の甥として生まれ、前田利久の養子となる。前田利家が前田家を継いでからはこれに従い、幾度かの合戦に従軍する。豊臣秀吉の小田原城攻めにも参加するが、天正十八年、突如前田家を出奔。以降は上杉家に仕え、関ヶ原の戦いの地方戦ともいえる長谷堂城の戦いに参戦した。

ここには武勇を誇る慶次の姿はない。確認された戦歴は数度ほどで、特筆されるような活躍もない。では、漫画や小説で見られる慶次の姿は、すべて作家の空想の産物だったのだろうか?

実はそうではなく、前田慶次の人物像は彼の死後、江戸時代に軍記物や、説話集で語られ、膨らまされていったものなのだ。海音寺潮五郎や司馬遼太郎、そして『一夢庵風流記』で知られる隆慶一郎《りゅうけいいちろう》も、こういった逸話をもとにキャラクターを形成していったのだ。

では、その逸話と、それが記された書物とはどのようなものだったのか。そして、前田慶次は実際にはどのような人物だったのだろうか、検証していきたい。

## ●秀吉が認めた傾奇者

前田慶次は、天下御免の傾奇者《かぶき》として一般に知られている。傾奇者とは、逸脱した行為を好み、戦国末期に奇矯で目立つ振る舞いをした伊達者のこと。

裸で帯刀する、肩をはだけて歩く、柿を盗み喰いする、火打石を携帯するなど、制度に縛られない〝粋の良さ〟を貫いた。慶次はその魁の世代とされている。

『重輯雑談《じゅうしゅうぞうだん》』には、慶次が前田利家のもとにいた頃、彼の傾奇ぶりに秀吉が興味を示し、聚楽第に呼びつけたときの逸話が記されている。秀吉は金で埋めつくした茶室やヴァイオリンを好むなど、派手好きであったのだ。

「趣向をこらして来い」

傾奇者の慶次に、秀吉はそう注文をつけた。これが彼の「傾奇心」に火をつけた。いざ謁見というとき、派手な虎の皮を身に着けた慶次は、髷を横に結って現れた。周囲の動揺をよそに、

傾寄者たちの喧嘩沙汰を描いた「江戸名所図屏風」

秀吉の前に進み出ると、なんと顔を横に向けて挨拶。これで横に結った髷だけが正面を向く。

「これは面白い」

秀吉は喜び、褒美に馬を与えた。

「もっともっと、変わったことができるはずだ」

すると慶次は、一度奥に引き込み、今度は礼法を忠実に守った姿で現れると、褒美の礼を述べた。これに秀吉は感じ入り、

「今後は好きなように傾くがよい」

と許可を出した。これより後、慶次は〝天下御免の傾奇者〟と呼ばれるようになった。

この話が記されている『重輯雑談』は1653年生れの加賀藩（前田家）家老が記したエピソード集だ。

加賀藩の四代藩主・綱紀《つなのり》は熱心に書物を蒐集したことで知られ、この時期に加賀に流入した軍記物が

『重輯雑談』にも影響を与えていたと考えられている。

他にも慶次の逸話がふんだんに盛り込まれている軍記物としては『武辺咄聞書《ぶへんばなしききがき》』が名高い。国枝清軒《くにえだせいけん》という越後流軍学者が編集したものとされているが、この人物の経歴は判然としない。

これは「咄」を集大成したものであり、国枝が大津に住んでいるとき、諸国の浪人が集まり、家々の伝説を語り合ったものを筆記したという。今で言うトークショーのようなものである。

この時代の浪人たちにとって「咄」は重要な生活の糧である。話を膨らませることを生業とする者たちのトークショーを書き起こしたものであるから、事実と虚構が混ざっていることは想像に難くない。

慶次の武功のほとんどはこういった類の書物に記されているものばかりであり、誇張も多く見られる。その『武辺咄聞書』には次のようなエピソードが書かれている。

## ●大ふへん者伝説

秀吉の前で披露したような振る舞いを、叔父の前田利家は快く思っていなかった。これに反発した慶次は、友人である直江兼続のもとに身を寄せる。関ヶ原の合戦では、上杉家が西軍に付いたことで、慶次も徳川方の大物、伊達政宗の来襲に備えた。

慶次と親しかった上杉景勝（左）と直江兼続（右）主従

『武辺咄聞書』によると、家中で緊張感が高まるなか、白く四角い布に「大ふへん者」と大書された慶次の旗が、身内で話題となった。

「上杉家には武勇で知られた者が数多い。なのに、なぜ彼だけ〝大武辺者〟などと大きく主張するのだ。滑稽ではないか」

緒将はこれに同意する。合戦の直前に、無用な軋轢は避けたい。慶次はからからと笑い飛ばすと、次のように言った。

「これは武辺者ではなく〝不便者〟と読むのだ。長年の浪人暮らしで手元に金がない。だから、特に目立つように書いたのだ。ひらがなの点は必要なところを補って読む。それが武士の教養だ。間違った読み方をして非難されても知るものか」

また、この時慶次が朱色の槍を携えていたことも問題となった。水野藤兵衛ら、剛勇で鳴らす武将四人が上杉景勝に訴え出た。すると景勝は、「慶次はもともと前田家の人間。新参者に家風を押し付けるのはよくない。その方らの気が収まらないのなら、全員朱色の槍を持つがよかろう」

参陣するや騒動を巻き起こした慶次だったが、長谷堂城の戦いでは、その四人と共に「朱槍五人衆」として大活躍。直江兼続の撤退を助けて、最上軍を散々に蹴散らしてみせた。この大立ち回りは、漫画『花の慶次』や原作小説『一夢庵風流記』でも、作中随一の名場面として描かれている。

ただ、この時の慶次は、実に齢70を手前にした年齢であった。「人間五十年」の時代に、ひとりの老人がここまでの活躍ができたかと言えば、まず不可能であろう。この話も、先述した秀吉の逸話と同じく、事実として捉えることは難しい。

慶次の武功を記した書物では、彼の実像に迫ることはできないのだ。

### ●前田慶次道中日記

実は慶次の人となりを知ることができる史料として、彼がつけていた日記が現存している。

関ヶ原の戦いで降伏を余儀なくされた上杉家は、会津から米沢へ転封されてしまう。慶次は友人である直江兼続に請われ、上杉家の人間として生涯を終えることを決意、伏見から米沢へ旅立つ。

この道中に書かれたのが『前田慶次道中日記』である。

これは慶次の自筆であり、彼の人物像を窺うことができる、最も質が高い文献と言える。ここには剛勇を誇る傾奇者の顔は影を潜め、静かな教養人の姿がある。

例えば、出立してすぐ、古今和歌集におさめられている、

風の上にありか定めぬちりの身は行衛も知らずなりぬべらなり
（風任せで、身の在り処も定められない塵のような儚いこの身の上は、どこへ行ったらよいかも分からず、このまま行方知らずになってしまうようだ）

という一句を書き付けている。これは京から東国に下る貴人が書いたとされ、慶次もその身の上を自分に重ね合わせているのだ。敗軍の悲哀を古人に引きつけて語るとは、この道中日記はただの日記というより文芸作品と言えるだろう。

**●高麗人従者**

意外なことだが、慶次はこの旅に高麗人を連れている。日記を読む限り少なくとも、親一人、子二人の計三人を同行させている。美濃に入って関ヶ原までやってきたとき、一行に加わっていた高麗人が病気になってしまった。馬に乗れないほどの重症だったため、慶次は同行を諦め、近くの菩提山城の主（おそらく竹中重門、半兵衛の子）に書状を送り、預かってもらうことにした。

城に預け、書状まで添えるというのは、まさに破格の待遇である。この特別扱いから、前田慶次研究家の今福匡は、この高麗人たちは秀吉の朝鮮出兵の際に捕虜になった「何かしら特殊技術に秀でた者たち」であったと推測している。

慶次はこの時、

「慈鳥失其母（慈鳥其の母を失い）」

「啞啞吐哀音（啞啞と哀音を吐く）」

と中唐の詩人・白居易の詩「慈鳥夜啼」の冒頭の2句を書き写している。その後に「この人はこま人（高麗人）なれば、禽（とり）のようには悲しまないのである」と書いている。実は白居易《はくきょい》の詩の後半には呉起《ごき》という、母親の葬儀に参列しなかった人物が出てきており「其心不如禽（その心禽にも如かず）」と非難されているのだ。

といっても、高麗人の子を非難しているわけではない。「こま人」を「駒（馬）」とかけて「馬だから鳥のようには悲しまないのである」と洒落をきかせているのだ。

このように、『前田慶次道中日記』には、慶次が和漢の古典に深く通暁する、紛れもない教養人であったことを証明する箇所が多く見られる。対して、生涯最大の激戦であったと思われる長谷堂城の戦いのことはおろか、合戦についての回想もまったく確認することができない。

この日記から読み取れるのは、外国人の従者に対する優しい心遣いを見せる、年老いた「文芸人」の姿だ。

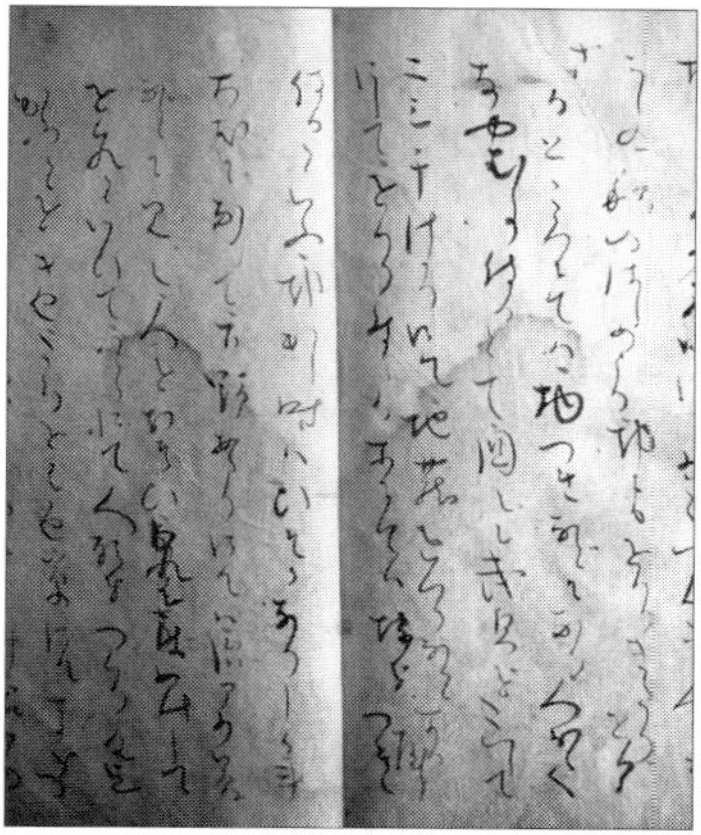
前田慶次道中日記。膨大な和歌・漢詩を収録

## ●前田慶次という文化人

『前田慶次道中日記』で和歌や句を詠んだ慶次だが、他にも彼の文芸活動の行跡がある。

1588年から数年にかけて、里村紹巴《さとむらじょうは》、昌叱《しょうしつ》など当代一流の連歌師の興行に参加して歌を詠んだり、自分で興行をしたことが『上杉将士書上』などの書物によって明らかになっている。慶次の興行に細川幽斎が参加したとする資料もある。

関ヶ原の戦いの後、米沢に移ってからも、慶次は詩歌などの作品を残している。1602年、直江兼続が大聖寺に和歌、漢詩合わせて百首を奉納する際には、伏見から旅してきた慶次も加わっている。米沢移住後は堂森という地に引っ込み、静かに生涯を終えたとされる。墓は見つかっていない。

ちなみに『前田慶次道中日記』の中に、野尻を通りかかった慶次が詠んだこんな句がある。

さむさには下痢おこす野尻かな

尻と下痢を連想させた、なんとも茶目っ気たっぷりで下品な句である。

たしかに現代に広まっている慶次のイメージは、江戸時代に膨らまされたものだが、この一句からは、小説や漫画で愛された、あけすけで明るい慶次の人柄が伝わってくる。

トンデモ軍師の波乱の生涯

# 黒田如水

黒田孝高、またの名を如水。

信長・秀吉二人の参謀として天下取りを支えた、戦国きっての名軍師。

自身も野望に燃え、関ヶ原では九州で蜂起、天下取りを一息に狙った。

油断ならぬ人として知られ、

「世に怖ろしい者は徳川と黒田だ。徳川は温和だが、黒田は何とも心を許しにくい」

とまで秀吉に評された。

しかしその生涯を紐解くと、計略に長けた如水とは思えぬ詰めの甘さが散見される。果たして如水は本当に名軍師だったのか？　その意外な実像に接近する。

## ●祖父が目薬で大儲け

如水を生んだ黒田家は地元の名家だったが、祖父・重隆の代で、一度没落してしまう。

重隆は食うに困って百姓の空き家を借り、寂しく暮らしていた。もう売却する家財もないほどだった。

ある晩のこと、重隆の夢に、彼が信仰する佐々木大明神が現れた。

「広峰大明神に頼んでおいたから、そこへ行け」

後日、重隆が戸惑いながらも広峰大明神に赴くと、夢の話をきっかけに神主と仲良くなった。神主は、黒田家に代々伝わる奇妙な目薬に目をつけ、

「その妙薬を、当神社のお札と抱き合わせて売れば、儲かりますぞ」

こう誘って、二人はビジネスパートナーとなった。

この目薬は、「玲珠膏《れいじゅこう》」といって、今のような点眼タイプではない。カエデ科の木の樹皮を絹袋に入れて煎じたもので、そのまま袋ごと目に押し当てて使った。目薬自体が珍しかった時代、これが瞬く間に評判を取り、広峰大明神のお札と共に、飛ぶように売れた。あまりの売れ行きに、後年黒田家のことを、「この目薬屋が……」と揶揄する大名も現れたほどだ。

「玲珠膏」は地元では明治時代まで発売される超ロングセラー商品となった。

〝目薬成金〟となった重隆は、その財力で播磨（現・兵庫県）の小寺家の軍事支援を行い、それがきっかけで家臣団に重鎮として加わることになる。

**●監禁されて死にかける**

如水が父・職隆《もとたか》に代わって小寺家の家老になると、長篠の戦いで勝利を収めた織田信長の傘下に入ることを提案する。

中国地方の雄・毛利家や、過去に京で政権を打ち立てた三好家の支持者も多い中、時間と弁舌を尽くし、苦心して織田家支持で家中をまとめたのであった。

1577年、如水は、秀吉が中国地方の攻略を命じられると、その下で参謀となる。そして勝手を知る地での先導役を引き受ける。如水は覚悟を決めたのか、信長に忠誠を誓う証として、息子・長政を人質に出している。

如水は、織田軍にはじめは敵対していた岡山城主・宇喜多直家《うきたなおいえ》の説得に成功するなど、着実に結果を残す。諜報、献策に定評がある知将として、同じく秀吉の名参謀・竹中半兵衛とも肩を並べた。

だが、その如水に最大の苦難が襲いかかる。

味方の有岡城主・荒木村重が、突如毛利に寝返り謀反を起こしたのだ。この説得交渉に当っていた如水は、敵地で突然捕らえられ、地下牢に投獄されてしまう。

その後、悪辣な環境で、1年もの間監禁されるのだが、この交渉を外から見守っていた織田家家臣には、そんな様子が伝わらなかったらしく、「如水が帰らない。裏切った！」と風説が飛び交い、「如水と荒木が一緒になって歯向かうか！」と信長も激怒。如水の寝返りに怒り心頭の信長は、如水の息子を殺すよう、すぐに竹中半兵衛に指示を出した。

一方、有岡城の地下牢では、如水が一人寂しく味方の助けを待っていた。

同じキリシタンである村重を口説きにいったはずが、いきなり投獄、監禁だ。信長には裏切ったと思われるだろう。人質の息子も殺されるはずだ。

地下牢はどんよりと暗く、日は差さない。湿気が酷い。如水の痩せた体を皮膚病や蚊、シラミが蝕む。劣悪な環境下に置かれ、1年後には頭は禿げあがり、皮膚病が悪化して右膝が使い物にならなくなってしまう。如水はこの時から、うまく歩けなくなった。

如水を土牢に監禁した荒木村重

翌年、村重の有岡城が信長軍によって落とされると、ようやくボロボロになった如水が地下牢から助け出された。それを見た信長は真実を知り、疑った自分を恥じた。

取り返しがつかないのは、如水の息子・長政の命だ。すでに半兵衛に殺害指令を出してしまっていた。ところが、さすがと言うべきか、半兵衛は如水の無罪を見抜いており、ひそかに長政を匿っていたのだ。これを知った信長は素直に喜んだという。

**●秀吉を唖然とさせる**

1582年、信長の命を受けた秀吉は、如水とともに毛利家討伐に臨んでいた。

高松城に追い詰められた毛利家の清水宗治は、さらに信長が大軍を率いてやってくることを知ると、自分の切腹と城兵の命を引換に和平交渉に応じた。

交渉は如水が担当していた。話がまとまる前日には、それまで緊迫していた陣内に和やかな空気が流れ、前祝いの酒が酌み交わされた。このときは毛利勢にまで酒肴を振る舞い、敵の英断を讃えてしまうほどの余裕が、二人にはあった。

信長の本隊が援軍にくる。この報せは、大いに敵の気力を挫き、如水と秀吉を勇気づけた。本隊の到着を待ちわびる二人。ところが、次いでもたらされた報せで状況は一変する。

「信長公、本能寺にて自害」

秀吉は色を失った。如水も内心、冷や汗をかいたが秀吉が泣きじゃくり、慟哭するのを見て、必死に自分を律した。

如水は、この非常事態を冷静に受け止めた。信長の死が毛利勢に悟られれば、交渉が白紙に戻る。それどころか、彼らが決死の反撃に打って出る可能性が高い。

ならば、まず秀吉には、早く立ち直ってもらいたい。そこで如水は、秀吉を安心させるため、笑みをたたえて、泣きじゃくる秀吉にこう言った。

「いよいよ、ご運がひらけましたな。これは、殿が天下を取る絶好の機会ですぞ」

秀吉は唖然とした。如水は主君の死を天下取りの道具に使え、と笑いながら言う。如水の見立てに間違いはなかったが、秀吉はこの如水の発言以降、彼を、

「あまりに非情すぎる危険人物」

としてマークするようになった。秀吉は、如水の冷徹さが自分に向けられることを警戒するようになったのだ。

当時の切腹の様子

事実、その後も自分のもとで活躍を続ける如水に対し、秀吉は少禄しか与えず、

「あの男に何十万石も与えたら天下を取るわい」

と家臣に漏らしている。また、伏見が大地震にあった際、急いで駆けつけた如水に秀吉は、

「どうした？　ワシはまだ死んではいないが？」

と痛烈な言葉を浴びせている。

## ●盟友・半兵衛の忠告

そもそも、如水は秀吉に登用された頃から、契約書に記載された内容が履行されていないことに不満を持っていた。

それは秀吉が如水を雇いたいがために、甘言を弄した結果ともいわれる。当然、如水が期待した恩賞や出世については、約束が守られていなかった。

ある日、如水が同僚の半兵衛に、秀吉との契約書についてボヤくと半兵衛は、

「秀吉殿が『部下の一生涯を引き受け、面倒をみる』などという契約を本当にするとは思えない。それは非常に珍しいことだ。ひとつ見せてくれ」

と、如水に契約書を持って来させると、一読してビリビリと破り捨て、火にくべた。如水は激怒した。すると、半兵衛は言った。

「待て。契約書は本物だ。だが、本物だから捨てたのだ。このような契約書があるからこそ、現実が違えば不平や不満が起こる。結局のところ、身の為になるまいよ」（『藩翰譜《はんかんふ》』『名将言行録』）

如水は灰になった契約書を無念そうに見つめては、半兵衛の忠告を静かに受け入れた。頭が切れすぎるあまり、秀吉に警戒された如水。その心中は察するに余りある。如水を静かに諭した半兵衛は本能寺の変を待たず、若くして没してしまった。

**●囲碁で会議をすっぽかす**

1593年、秀吉が朝鮮出兵を断行すると、如水も朝鮮へ渡る。彼は秀吉の命で、石田三成ら三奉行とともに、重要な案件に携わっていた。それは、南朝鮮の侵略の段取り、および講和の駆け引きについてだ。

石田三成ら三奉行が、如水と相談するため、彼のもとへ出向くと、如水が同僚と碁を打っている。三奉行の来訪は伝えられていたが、碁に熱中していた如水は、そのままゲームを続行。

別室に招かれた三奉行は、奥の間から聞こえる囲碁の音を耳にするや、憤慨して席を立っ

如水に忠告を遺して亡くなった竹中半兵衛

た。如水は碁を打ち終えると、別室に三奉行がいなかったため驚いた。使いを出して三成らを引きとめるが、時すでに遅し、

「碁ならもっと早く済ませてくだされ」

と三奉行の怒りが収まらない。

その話を聞いた秀吉は、

「つい大好きな囲碁に気をとられてしまったのだろう。碁を禁じるように言わなかった私の手抜かりだ」

と如水を擁護してみせた。これで一件落着かと思いきや、如水は弁解のために、朝鮮の仕事をほったらかして、わざわざ秀吉に会いに国内に戻ってしまったのだ。もちろん無断である。これに秀吉が大激怒。面会は行われず、代わりに如水に切腹命令が下った。この一件、後に如水は許されているが、如水が剃髪し、世捨て人となって法号・如水を名乗りはじめたのがこの時期のことだ。

名軍師らしからぬ、軽率な如水の一面が窺えるエピソードである。

## ●最後の賭け

秀吉の死後、如水は九州にて隠居生活を送っていたが、中央で石田三成と徳川家康が争い始めると、人生最後の雄大な企みを実行する。

それは関ヶ原の騒乱に乗じて、九州を制圧、漁夫の利を得て一挙天下を掻っさらおうというものである。

家康に警戒されないよう、息子・長政を東軍につけ、彼が関ヶ原に連れて行った家中の軍勢の穴は「奇跡の目薬」で祖父の代から蓄えた財力で、浪人を大量雇用して間に合わせた。

九州戦線で如水と共闘した加藤清正

寄せ集めた浪人に加え、加藤清正も味方につけた如水は破竹の進撃をみせ、九州の半分を制圧せんとした。

この頃、如水は信奉していたキリスト教に惚れ込んでいたため、次のような話が伝わっている。

「(敵地で) 如水は、聖母の祝日の午後4時になると、勇猛果敢な突撃を開始した。味方の兵500人が殺され、1000人以上が負傷。それでも如水はひるむことなく突撃すると、敵兵

3500人を殺戮した。戦闘が終わると、彼は神様がいかに自分を援助してくれたかを修道士に述べ、ミサや祈祷の際、神様に感謝の祈りを捧げて欲しいと願った」（ルイス・フロイス『日本史』）

一説では、十字架を握りしめて戦いに臨んでいたという。

また、次のような話も残されている。

「如水は2万を超える軍勢の総指揮官として膨大な仕事があることも忘れ、夜中過ぎになってもキリスト教の教理の話を修道士に聞きたがった。彼はその際、神に頼む方法とか、来世における審判や、栄光や地獄などについて質問した」（同『日本史』）

名軍師の如水が戦で頼ったものが、戦術ではなく宗教であったというのは意外である。

## ●息子で大誤算

九州平定を目前にした如水の許に、息子・長政からの手紙が届く。それを読んだ如水は、長いため息をついたことだろう。そこには、関ヶ原が東軍の勝利で即日終わった、と得意気に記されていた。

如水の計画では、九州を制覇し、次に中国を押さえ、最後は関ヶ原の勝者と激突する、というものだった。この天下一の道のりに、50日はかかると想定していた。それが中央・関ヶ原の騒乱が、その日のうちに終わってしまったのだから、計算違いも甚だしい。しかも、この戦い最大の功労者が、手紙の主である長政ときている。

長政は、西軍の小早川秀秋を裏切らせるなど、未曾有の活躍を見せ、東軍の勝利を決定的にしていたのだ。これが結果的に如水を参らせることになる。

「ワシの息子は馬鹿か。天下分け目の戦いとは、急ぐものでない。急いで家康などに勝たせて、なんの良いことがあるのか」(『古郷物語』)

如水はしぶしぶ、九州征討の目的は、「自身の天下取りのため」ではなく、「関ヶ原で忙しい家康殿のために、九州を平定する」ことにあったと主張した。

後日、長政は大手柄により一挙52万石を得て凱旋する。自慢の息子は如水の胸のうちを知らず、こう自慢した。

「あの戦いの後、家康殿は立ち上がって何度も私に礼をいい『今回の手柄は、決して忘れぬ』と3度も力強く握手をして頂きました」

するとと如水、ニヤリと笑みを浮かべて、

「ならば、お前の左手は何をやっていたのだ?　握手をしていないその左手で、なぜ家康を刺し殺さなかった？」

と、言い放った。

こうして如水は、一世一代のイヤミを残して、天下分け目の舞台から降りていった。

**●死亡時刻を予言する**

晩年の如水は、朗らかだった。日中からぶらりと散歩へ出かけると、家来の自宅に気さくに上がり込み、人妻に誘われるまま茶を飲んだ。散歩の途上で出会う子供たちには、菓子や果物をよく与えたから、如水の後には決まって行列ができていたという。

「散歩をしないと、子供たちが城に押しかけてくる。中に入って障子を破こうとも、座敷で相撲をとろうとも、如水はいつも機嫌よくニコニコしていた」（『黒田年譜』）

1604年、そんな如水も病床に就くと、つまらないことでヒステリーを起こし、家臣を口汚く罵るようになった。

家来たちは、口々に「いよいよ病気が悪化して錯乱しはじめた」と噂し合った。心配した長政が如水のもとへ駆けつけると、如水は言った。

「これはマネだ。乱心のマネなのだ。このまま死んだら皆がワシを懐かしみ、お前を不満に思うであろう。しかしどうだ、今、嫌な老人を演じておけば、ワシが死んだら皆ホッとするだろう。そしてお前に自然と従っていくのだ」

明治時代、この逸話を聞いた俳人・正岡子規は「単なる病人のわがままを言い訳したものだ」と解釈した。このときの如水のヒステリーが計算づくのものであったかどうかは、はっきりしない。

病床に臥して春の訪れを聞く4月を前に、如水は言った。

「ワシの死期は、今月20日の午前8時である」

家臣は黙って頷くほかない。人が自分の死を決められるものか。

「予告した時刻が近づくと、長政をはじめ栗山善助、母里友信《もりとものぶ》など老臣を枕辺に招きよせ、辞世の句を口吟すると、その余韻が絶えないうちに、端然として逝去した」（安藤英男『史伝　黒田如水』）

享年59歳。果たして如水は、予言どおり午前8時に逝った。

彼の遺骸は、京都・大徳寺の境内に葬られている。

## おわりに

日本の夏は、とにかく暑い。２０１０年の真夏、私は本書の単行本版の「おわりに」において、「連日32度を超す記録的な猛暑のなかで」と締めくくったが、２０１６年となる本年は、すでに5月の時点で観測史上もっとも早い真夏日を記録し、群馬県では34度を超えた。

この6年間、戦国史の世界でも、そうした熱気を孕んだ風が、何度も吹いた気がする。続々と発見される新史料が起こした風が、戦国武将の周辺事情を炙りだしたのだ。

本年の5月末、真田幸村の息子・幸晴が山口県周南市櫛ケ浜《くしがはま》に漂着し、その地で生涯を終えたという記録が発見され、昨年は、「大坂の冬の陣」で東軍を苦しめた「真田丸」が、最新の等高線調査で、大坂城からほど遠い〝孤立無援の砦〟だったことが判明している。

年明けには、豊臣秀吉が家臣に宛てた書状33通が見つかり、3年前には「賤ヶ岳の戦い」における秀吉の具体的な作戦指示書も発見され、同合戦での黒田如水の参戦が確実になった。その如水も近年、先祖は近江か播磨か揺れたが、新史料によって播磨出身である可能性が高まった。

織田信長に関しては、さらに大きな動きがあった。「本能寺の変」における、明智光秀の主君殺しの有力な動機が「四国説」となったほか、１５６８年の将軍・足利義昭を擁しての上洛に関して、実は信長はその2年も前から上洛を画策していたことを示す書状が見つかったのだ。

研究の現場で新史料が見つかるたびに、歴史は微妙にその表情を変えていく。少しずつ〝常識〟は過去のものとなり、雨垂れが岩を穿つように静かに歴史観は変容する。すべてにおいて、価値観というのは移ろうものだ。常なるものは何もない。

歴史に関しては、私にはある夢がある。それは、「切腹を迫られた武士は、本当に潔くハラキリをしたのか？」という疑問の解明である。なんとしても、死ぬまでに必ず成し遂げたいと思っている。

さて、幸運なことに本書の単行本版は増刷を重ね、版元の彩図社からは『戦国武将100の言葉』という愉快な本を出すことができ、ウェブの世界でも秀吉の茶会に関する記事を執筆する機会も頂いた。文庫化は、これらに触れて頂いた読者の方々のおかげなので、改めて御礼を言いたい。もちろん、本書を今、手に取っているあなたにも。

今回の文庫化にあたり、彩図社編集部の吉本竜太郎さんのご協力を再び頂けたことも嬉しく思います。お疲れ様でした。

２０１６年８月　丸茂潤吉

## 参考文献・写真提供

前田慶次扉写真……朱漆塗紫糸素懸威五枚胴具足南蛮笠式　提供 宮坂考古館

**織田信長**
『回想の織田信長』松田毅一・川崎桃太 編訳　中央公論社／『現代語訳・信長公記上・下』太田牛一著・中川太古訳　新人物往来社／『考証・織田信長事典』西ヶ谷恭弘　東京堂出版／『織田信長 血みどろの妖怪武将』山中恒　ブロンズ新社／『織田信長事典』岡本良一ほか編　新人物往来社

**豊臣秀吉**
『豊臣秀吉のすべて』桑田忠親編　新人物往来社／『豊臣秀吉の謎と真実』小和田哲男　KKベストセラーズ／『豊臣秀吉101の謎』中江克己　新人物往来社／『真説・豊臣秀吉』池波正太郎ほか　中央公論社／『逆説の日本史』井沢元彦　小学館／『歴史のなかの邂逅1』司馬遼太郎　中央公論新社／『耳塚』琴秉洞　総和社／『豊臣秀吉』会田雄次ほか　河出書房新社／『豊臣秀吉事典』杉山博ほか編　新人物往来社／『写真で見る豊臣秀吉の生涯』石田多加幸　新人物往来社

**徳川家康**
『徳川家康事典』小和田哲男ほか編　新人物往来社／『桑田忠親著作集　第六巻　徳川家康』桑田忠親　秋田書店／『図説 徳川家康』河出書房新社編集部編　河出書房新社／『名将言行録（下）』岡谷繁実　教育社／『歴史のなかの邂逅2』司馬遼太郎　中央公論新社／『徳川家康七つの謎』新人物往来社編　新人物往来社／『徳川家康読本』新人物往来社編　新人物往来社／『戦国大名と賤民』本田豊　現代書館／『史疑徳川家康』榛葉英治　雄山閣出版／『復刻史疑 幻の家康論』礫川全次編著　批評社

**武田信玄**

『武田信玄のすべて』磯貝正義編　新人物往来社／『武田信玄その華麗なる系譜』坂本徳一　秋田書店／『史伝 武田信玄』小和田哲男　学習研究社／『甲陽軍鑑』佐藤正英訳　筑摩書房／『武田信玄 武田三代興亡記』吉田龍司　新紀元社／『武田信玄 城と兵法』上野晴朗　新人物往来社／『乱世の帝王学』山本七平　徳間書店／『武田信玄 伝説的英雄像からの脱却』笹本正治　中央公論社／『武田信玄』笹本正治　ミネルヴァ書房／『実録風林火山』北影雄幸　光人社／『武田信玄と勝頼』鴨川達夫　岩波書店

**上杉謙信**

『上杉謙信』花ヶ前盛明　新人物往来社／『上杉謙信』相川司　新紀元社／『美少年日本史』須永朝彦　国書刊行会／『日本史探訪 第4集』海音寺潮五郎ほか　角川書店／『川中島合戦記』榊山潤訳　教育社／『越後の龍 謙信と上杉一族』新人物往来社編　新人物往来社／『逆説の日本史9』井沢元彦　小学館／『謙信軍記』中村晃　勉誠社／『上杉謙信は女だった』八切止夫　作品社

**伊達政宗**

『史伝 伊達政宗』小和田哲男　学習研究社／『伊達政宗』小林清治　吉川弘文館／『伊達政宗の手紙』佐藤憲一　新潮社／『伊達政宗の研究』小林清治　吉川弘文館／『伊達政宗』相川司　新紀元社／『名将言行録（中）』岡谷繁実　教育社／『名将名城伝』津本陽　ＰＨＰ研究所／『堂々日本史11』ＮＨＫ取材班編　ＫＴＣ中央出版／『日本史探訪 第4集』海音寺潮五郎ほか　角川書店

**松永久秀**

『日本史探訪第15集』南條範夫ほか　角川書店／『松永久秀の真実』藤岡周三　文芸社／『戦国茶闘伝』三宅孝太郎　洋泉社／『日本史4 キリシタン伝来のころ』ルイス・フロイス著・柳谷武夫訳　平凡社／『〈負け組〉の戦国史』鈴木眞哉　平凡社

**斎藤道三**

『戦国鉄仮面～実説・まむしの道三』八切止夫　作品社／『桑田忠親著作集　第二巻　戦国武将1』桑田忠親　秋田書店／『日

本史探訪 第9集』司馬遼太郎ほか　角川書店／『日本史人物「女たちの物語」上』加来耕三　講談社／『直木三十五全集3』直木三十五　示人社／『坂口安吾全集14』坂口安吾　筑摩書房／『時代小説版　人物日本の歴史　戦国編』縄田一男編　小学館

**真田幸村**

『真田幸村のすべて』小林計一郎編　新人物往来社／『真田一族』小林計一郎　新人物往来社／『真田三代 幸村と智謀の一族』橋場日月　学習研究社／『真説・智謀の一族 真田三代』三池純正　洋泉社／『真田幸村 伝説になった英雄の実像』山村竜也　PHP研究所／『真田一族 家康が恐れた最強軍団』相川司　新紀元社／『全集・現代文学の発見 第11巻 日本的なるものをめぐって』大岡昇平ほか編　學藝書林／『日本史探訪 第4集』海音寺潮五郎ほか　角川書店／『名将言行録（下）』岡谷繁実　教育社／『毎日jp』２００９年８月２日号　http://mainichi.jp/『信毎 web』２００９年８月23日号　http://www.shinmai.co.jp/

**前田慶次**

『前田慶次 武家文人の謎と生涯』今福匡　新紀元社／『歴史群像シリーズ 前田慶次』学習研究社／『前田慶次 天下一の傾奇者』戦国歴史研究会　ＰＨＰ研究所／『前田慶次の謎』武山憲明　ぶんか社／『新説 前田慶次』外川淳　新人物往来社

**黒田如水**

『史伝 黒田如水』安藤英男　鈴木出版／『黒田如水のすべて』安藤英男編　新人物往来社／『黒田如水』三浦明彦　西日本新聞社／『エピソードで読む黒田官兵衛』寺林峻　ＰＨＰ研究所／『稀代の軍師 黒田如水と一族』新人物往来社／『黒田軍団 如水・長政と二十四騎の牛角武者たち』本山一城　宮帯出版社／『日本史探訪 第6集』岡本太郎ほか　角川書店

**毛利元就**

『毛利元就のすべて』河合正治　新人物往来社／『毛利元就のすべてがわかる本』桑田忠親　三笠書房／『名将言行録（上）』岡谷繁実　教育社／『日本史探訪 第12集』野村尚吾ほか　角川書店／『智謀の人・毛利元就』古川薫ほか　中央公論社／『毛利元就』森本繁　新人物往来社／『毛利元就』堺屋太一・山本七平ほか　プレジデント社／『毛利元就写真集』森本繁　新人

物往来社／『毛利元就101の謎』中江克己　新人物往来社／『毛利元就99の謎』森本繁　PHP研究所

**全体**

『戦国時代の謎と怪異』桑田忠親　日本文芸社／『戦国武将の養生訓』山崎光夫　新潮社／『戦国武将からの手紙』吉本健二　学習研究社／『戦国武将の手紙を読む』二木謙一　角川書店／『戦国武将の意外なウラ事情』日本博学倶楽部　PHP研究所／『戦国なるほど人物事典』泉秀樹　PHP研究所／『百姓から見た戦国大名』黒田基樹　筑摩書房／『暴君の素顔』山口智司　彩図社／『伝説の「武器・防具」大辞典』幻想世界研究会　双葉社／『日本史謎の殺人事件』楠木誠一郎　二見書房／『歴史人物意外!仰天!!の「その後」』遊々舎編　廣済堂出版／『目からウロコの戦国時代』谷口克広　PHP研究所／『戦国武将の宣伝術』童門冬二　講談社／『戦国武将のひとこと』鳴瀬速夫　丸善／『武将が信じた神々と仏』八幡和郎　青春出版社／『検証　もうひとつの武将列伝』井沢元彦　実業之日本社／『学校ではあつかえないウラ日本史』歴史の謎を探る会編　河出書房新社／『よみがえる戦国武将伝説』宝島社／『戦国15大合戦の真相』鈴木眞哉　平凡社／『戦国武将 怖い話、意外な話』楠戸義昭　三笠書房／『男の点描』戸部新十郎　毎日新聞社／『戦国の女たちを歩く』田端泰子　山と渓谷社／『戦国武将の通知表』八幡和郎　宝島社／『戦国150年ニュース』新人物往来社／『戦国史の怪しい人たち』鈴木眞哉　平凡社／『天下人史観を疑う』鈴木眞哉　洋泉社／『完訳フロイス日本史』松田毅一・川崎桃太訳　中央公論新社／『戦国武将の食生活』永山久夫　河出書房新社／『戦国武将ものしり事典』奈良本辰也編　主婦と生活社『戦国ものしり百科』中江克己　PHP研究所／『戦国逸話事典』逸話研究会編　新人物往来社

『Wikipedia』http://ja.wikipedia.org/

**民俗学文献**

『日本風俗史事典』日本風俗史学会　弘文堂／『精選 日本民俗辞典』福田アジオほか編　吉川弘文館／『日本人の言い伝えものしり辞典』樋口清之　大和出版／『日本の民俗』上田正昭ほか　朝日新聞社／『年中行事辞典』西角井正慶編　東京堂／『神話伝説辞典』朝倉治彦ほか編　東京堂出版／『日本文化の源流をたずねて』綛野和子　慶應義塾大学出版会／『病いと癒しの民俗学』礫川全次編　批評社

著者略歴
**丸茂潤吉（まるも・じゅんきち）**
1975年生まれ、福岡県出身。
編集プロダクション勤務後、ノンフィクション・ライターとなる。
主な著書は『戦国武将100の言葉』（彩図社）。また『歴史を変えた武将の決断』（祥伝社）、『ビジネス・ジャーナル（http://biz-journal.jp）』（サイゾー）の「歴史的人物の恥ずかしい過去、知られざる過去」など歴史連載・寄稿多数。ライフワークは、中世日本史の再読と現代貧困層の習俗分析。世間学や民俗学に高い関心があり、昨今では、国内に散らばる珍伝説や奇祭、昔の庶民の風習に学びながら「権威的な日本史の物語を、庶民目線で改めて語り直していく」試みに精力的に取り組んでいる。

# 戦国武将の大誤解

平成28年9月16日第一刷

著　者　　丸茂潤吉

発行人　　山田有司

発行所　　株式会社　彩図社
東京都豊島区南大塚3-24-4
MTビル　〒170-0005
TEL：03-5985-8213　FAX：03-5985-8224

印刷所　　新灯印刷株式会社

URL：http://www.saiz.co.jp
Twitter：https://twitter.com/saiz_sha


ISBN978-4-8013-0173-3 C0121

本書は、平成22年10月に弊社より刊行された単行本を再編集し、文庫化したものです。